Entdecken und Verstehen

W0219031

Basistrainer Geschichte

3

Vom Wiener Kongress bis zum Ersten Weltkrieg

erarbeitet von
Florian Basel
Heike Bruchertseifer
Carola Gruner M.A.
Doris Thammer
Josef Zißler

Cornelsen

Impressum

Redaktion: Dr. Uwe Andrae, Christine Zißler
Umschlaggestaltung: Klein & Halm Grafikdesign, Berlin
Layout und technische Umsetzung: SCHRÖDER DESIGN, Leipzig

www.cornelsen.de

1. Auflage, 1. Druck 2007

Druck: Himmer AG, Augsburg

ISBN 978-3-06-064473-5

Inhalt gedruckt auf säurefreiem Papier aus nachhaltiger Forstwirtschaft.

Liebe Schülerin, lieber Schüler!
Vor dir liegt der dritte Teil des Basistrainers Geschichte. In dem Band sind die wichtigsten Fakten und Begriffe des Zeitraums vom Wiener Kongress bis zum Ersten Weltkrieg zusammengefasst. Das soll dir helfen, deine erworbenen Geschichtskenntnisse zu wiederholen, zu überprüfen und eventuelle Wissenslücken zu schließen.

Grundwissen

Auf zwei bis fünf Doppelseiten erfährst du das Wesentliche zu einem Thema. Jede Doppelseite zeigt dir einen wichtigen Teil dieses Themas. Auf der linken Seite findest du jeweils einen **erklärenden Text** und **Grundbegriffe**, die dir helfen sollen, den Text zu verstehen. Auf der rechten Seite kannst du gleich durch verschiedene Aufgaben und Rätsel das neuerworbene Wissen dieser Seite einüben. Außerdem kannst du dich mithilfe einer **Zeitleiste** über die wichtigsten Entwicklungen und Ereignisse informieren.

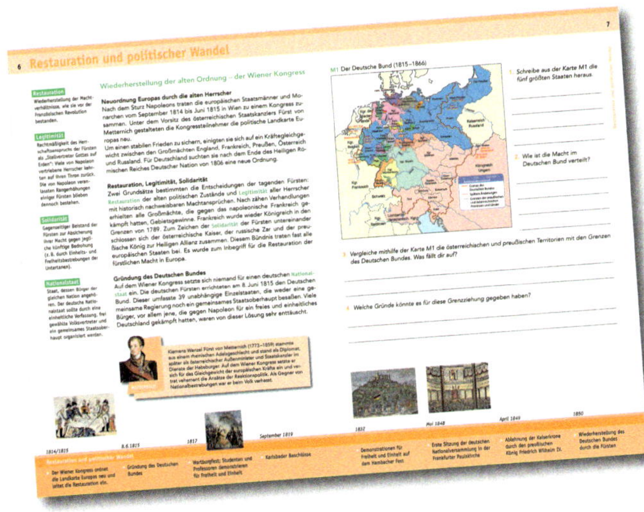
Restauration und politischer Wandel

Manchmal findest du auf einer Seite auch einen Kasten mit der Lebensbeschreibung einer wichtigen Person dieser Epoche (**Biographie**), die du auf diese Weise kennenlernst.

Methoden

Am Ende jedes Kapitels lernst du noch eine Methode kennen, die du im Geschichtsunterricht anwenden kannst.

Methode: Werbebotschaften entschlüsseln

Teste dein Wissen

Nach den Grundwissenseiten folgen in jedem Kapitel die Seiten „Teste dein Wissen!". Auf diesen grün unterlegten Seiten findest du Rätsel und Aufgaben, die du ausfüllen und lösen kannst. Auf diese Weise kannst du deine Kenntnisse über das gesamte Kapitel noch einmal überprüfen.

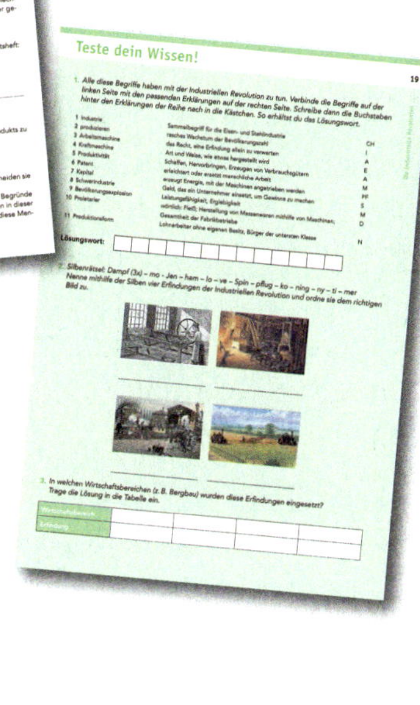
Teste dein Wissen!

Anhang

Die alphabetische Liste (Register) am Ende des Buches hilft dir, die Grundbegriffe und Lebensbeschreibungen von Personen im Buch schnell zu finden.

Inhaltsverzeichnis

4. Das Zeitalter des Imperialismus 28

5. Der Erste Weltkrieg 36

Anhang 46

Wiederherstellung der alten Ordnung – der Wiener Kongress

Restauration
Wiederherstellung der Machtverhältnisse, wie sie vor der Französischen Revolution bestanden.

Legitimität
Rechtmäßigkeit des Herrschaftsanspruchs der Fürsten als „Stellvertreter Gottes auf Erden“: Viele von Napoleon vertriebene Herrscher kehrten auf ihren Thron zurück. Die von Napoleon veranlassten Rangerhöhungen einiger Fürsten blieben dennoch bestehen.

Solidarität
Gegenseitiger Beistand der Fürsten zur Absicherung ihrer Macht gegen jegliche künftige Bedrohung (z. B. durch Einheits- und Freiheitsbestrebungen der Untertanen).

Nationalstaat
Staat, dessen Bürger der gleichen Nation angehören. Der deutsche Nationalstaat sollte durch eine einheitliche Verfassung, frei gewählte Volksvertreter und ein gemeinsames Staatsoberhaupt organisiert werden.

Neuordnung Europas durch die alten Herrscher

Nach dem Sturz Napoleons traten die europäischen Staatsmänner und Monarchen vom September 1814 bis Juni 1815 in Wien zu einem Kongress zusammen. Unter dem Vorsitz des österreichischen Staatskanzlers Fürst von Metternich gestalteten die Kongressteilnehmer die politische Landkarte Europas neu.
Um einen stabilen Frieden zu sichern, einigten sie sich auf ein Kräftegleichgewicht zwischen den Großmächten England, Frankreich, Preußen, Österreich und Russland. Für Deutschland suchten sie nach dem Ende des Heiligen Römischen Reiches Deutscher Nation von 1806 eine neue Ordnung.

Restauration, Legitimität, Solidarität

Zwei Grundsätze bestimmten die Entscheidungen der tagenden Fürsten: **Restauration** der alten politischen Zustände und **Legitimität** aller Herrscher mit historisch nachweisbaren Machtansprüchen. Nach zähen Verhandlungen erhielten alle Großmächte, die gegen das napoleonische Frankreich gekämpft hatten, Gebietsgewinne. Frankreich wurde wieder Königreich in den Grenzen von 1789. Zum Zeichen der **Solidarität** der Fürsten untereinander schlossen sich der österreichische Kaiser, der russische Zar und der preußische König zur Heiligen Allianz zusammen. Diesem Bündnis traten fast alle europäischen Staaten bei. Es wurde zum Inbegriff für die Restauration der fürstlichen Macht in Europa.

Gründung des Deutschen Bundes

Auf dem Wiener Kongress setzte sich niemand für einen deutschen **Nationalstaat** ein. Die deutschen Fürsten errichteten am 8. Juni 1815 den Deutschen Bund. Dieser umfasste 39 unabhängige Einzelstaaten, die weder eine gemeinsame Regierung noch ein gemeinsames Staatsoberhaupt besaßen. Viele Bürger, vor allem jene, die gegen Napoleon für ein freies und einheitliches Deutschland gekämpft hatten, waren von dieser Lösung sehr enttäuscht.

METTERNICH

Klemens Wenzel Fürst von Metternich (1773–1859) stammte aus einem rheinischen Adelsgeschlecht und stand als Diplomat, später als österreichischer Außenminister und Staatskanzler im Dienste der Habsburger. Auf dem Wiener Kongress setzte er sich für das Gleichgewicht der europäischen Kräfte ein und vertrat vehement die Ansätze der Reaktionspolitik. Als Gegner von Nationalbestrebungen war er beim Volk verhasst.

Restauration und politischer Wandel

- *1814/1815* – Der Wiener Kongress ordnet die Landkarte Europas neu und leitet die Restauration ein.
- *8.6.1815* – Gründung des Deutschen Bundes
- *1817* – Wartburgfest; Studenten und Professoren demonstrieren für Freiheit und Einheit
- *September 1819* – Karlsbader Beschlüsse

M1 Der Deutsche Bund (1815–1866)

1. *Schreibe aus der Karte M1 die fünf größten Staaten heraus.*

2. *Wie ist die Macht im Deutschen Bund verteilt?*

3. *Vergleiche mithilfe der Karte M1 die österreichischen und preußischen Territorien mit den Grenzen des Deutschen Bundes. Was fällt dir auf?*

4. *Welche Gründe könnte es für diese Grenzziehung gegeben haben?*

1832
- Demonstrationen für Freiheit und Einheit auf dem Hambacher Fest

Mai 1848
- Erste Sitzung der deutschen Nationalversammlung in der Frankfurter Paulskirche

April 1849
- Ablehnung der Kaiserkrone durch den preußischen König Friedrich Wilhelm IV.

1850
- Wiederherstellung des Deutschen Bundes durch die Fürsten

Bürgerwille gegen Fürstenmacht

Die Karlsbader Beschlüsse als Riegel vor Freiheitsbestrebungen

1815 schlossen sich Studenten in Jena und Halle zur Deutschen Burschenschaft zusammen, um öffentlich ihre Forderungen nach einem deutschen Nationalstaat zu bekräftigen. **Schwarz-Rot-Gold** wählten sie als Farben ihrer Verbindung. Einen Höhepunkt der Proteste stellte das **Wartburgfest** im Oktober 1817 dar. Die deutschen Fürsten sahen in den politischen Zielen der Studenten eine Auflehnung gegen die bestehende Ordnung. 1819 reagierten sie deshalb mit den Karlsbader Beschlüssen. Ab sofort überwachten Bevollmächtigte Universitäten und die Presse. Die Burschenschaften wurden verboten. Zahlreiche Dichter, Professoren und Studenten flohen ins Ausland, um der Verhaftung zu entgehen. Von dort führten die Autoren des **Vormärz** ihren Kampf für die Freiheit und Einheit Deutschlands weiter.

Schwarz-Rot-Gold
Die Lützower Jäger trugen in den napoleonischen Befreiungskriegen schwarze Uniformen mit roten Rockaufschlägen und goldenen Knöpfen. Diese Farben sind Symbol für ein geeintes, freies und demokratisches Deutschland.

Wartburgfest
Das politische Fest vom 18.10.1817 auf der bei Eisenach gelegenen Wartburg fand am 300. Jahrestag des Beginns der Reformation und am 4. Jahrestag des Sieges über Napoleon statt. Etwa 500 Studenten forderten dort einen deutschen Einheitsstaat und Meinungsfreiheit.

Vormärz
Zeitabschnitt zwischen 1815 und der Märzrevolution von 1848. Zu den bekanntesten Autoren des literarischen Vormärz, einer revolutionären politischen Literaturrichtung, zählen u. a. Heinrich Heine, Georg Büchner und August Heinrich Hoffmann von Fallersleben.

Anpassung oder Weiterkämpfen

Die Mehrheit der deutschen Bevölkerung aber zog sich aus Enttäuschung über die Reaktionspolitik der Fürsten ins unpolitische Privatleben zurück, um hier Erfüllung zu finden. Vielen Bürgen genügten wirtschaftliche Erfolge und die Behaglichkeit in der Familie. Diese neue bürgerliche Kultur wird auch als **Biedermeier** bezeichnet.

Die Sehnsucht nach Freiheit und Einheit blieb jedoch in der deutschen Bevölkerung weiter bestehen. Etliche Bürger ließen sich trotz der staatlichen Schikanen nicht einschüchtern. Im Mai 1832 demonstrierten über 30 000 Menschen auf dem Schloss Hambach in der Pfalz für Freiheit und Einheit. In den Folgejahren sorgten wirtschaftliche Not und Verarmung für Unzufriedenheit.

Biedermeier
Bezeichnung für den bürgerlichen Lebens- und Kunststil zwischen 1815 und 1848. Der Wunsch nach Gemütlichkeit prägte die Wohnkultur mit Sekretär, Bücherregal, Polstersofa und Fußbank.

Die deutsche Revolution von 1848/49

Als im Februar 1848 nach Massendemonstrationen in Frankreich die Republik ausgerufen wurde, war dies für viele Menschen in ganz Europa das Signal zur Revolution. Nachdem es vor allem in Berlin und Wien zu Barrikadenkämpfen gekommen war, gaben die deutschen Fürsten nach: Sie versprachen, ein Nationalparlament einzuberufen und Verfassungen zu billigen.

Am 18. Mai 1848 versammelten sich die in allen Ländern des Deutschen Bundes gewählten Abgeordneten zur Nationalversammlung in der Frankfurter Paulskirche. Dort arbeiteten sie die erste gesamtdeutsche Verfassung aus. Diese Verfassung legte die Grundrechte des deutschen Volkes fest und sah einen **Bundesstaat** ohne Österreich vor, an dessen Spitze der preußische König Friedrich Wilhelm IV. als deutscher Kaiser stehen sollte. Verfassung und der Bundestag in Frankfurt, ein ständig tagender Gesandtenkongress, sollten die kaiserliche Macht einschränken. Als Friedrich Wilhelm IV. 1849 die Krone ablehnte, konnte die Nationalversammlung ihre Beschlüsse nicht durchsetzen. Die Fürsten lösten das Parlament auf und stellten 1850 den Deutschen Bund wieder her. Trotz ihres Scheiterns blieben die Erfolge der Revolution von 1848/49 richtungsweisend für künftige demokratische Verfassungen in Deutschland.

Bundesstaat
Zusammenschluss von selbstständigen Einzelstaaten zu einem Gesamtstaat, wobei die Einzelstaaten einige Rechte an den Bund abtreten.

1. *Von wem könnten die folgenden Aussagen gemacht worden sein? Ordne die Sprechblasen den passenden Personen bzw. Großbuchstaben zu und trage sie in die Lösung ein.*

① „Wir wollen politische Rechte! Wir wollen ein geeintes Deutschland!“

② „Es reicht! Wir werden alle Burchenschaften verbieten und die Presse überwachen!“

③ „Es wird Zeit, dass auch die deutschen Bürger über festgeschriebene Grundrechte verfügen!“

④ „Nein! Die Kaiserkrone wird von Gott gegeben, nicht von irgendwelchen Bürgern!“

⑤ „In Frankreich oder England sind wir vor Verfolgung sicher!“

⑥ „Ich habe von der Politik die Nase voll! Da habe ich doch keinerlei Einfluss!“

- enttäuschter Bürger — A
- Fürst — B
- Abgeordneter der Nationalversammlung — C
- Student — D
- preußischer König — E
- ausgewanderter Schriftsteller — F

Lösung:

1 ______	2 ______
3 ______	4 ______
5 ______	6 ______

2. *Welche Jahreszahl passt zu welcher Aussage? Ordne jetzt auch die Kleinbuchstaben in der Lösung richtig zu.*

ab ca. 1816 (a)	18.10.1817 (b)	20.9.1819 (c)
ab ca. 1820 (d)	1848 (e)	April 1849 (f)

Methode: Politische Lieder verstehen

Lorenz Leopold Haschka (1747–1827):
„Gott erhalte Franz, den Kaiser"
(1. Strophe)

Gott erhalte Franz, den Kaiser,
Unsern guten Kaiser Franz!
Lange lebe Franz, der Kaiser,
In des Glückes hellstem Glanz!
Ihm erblühen Lorbeerreiser,
Wo er geht, zum Ehrenkranz!
Gott erhalte Franz, den Kaiser,
Unsern guten Kaiser Franz!

August Heinrich Hoffmann von Fallersleben (1798–1874):
„Deutschlandlied"
(3. Strophe)

Einigkeit und Recht und Freiheit
Für das deutsche Vaterland!
Danach lasst uns alle streben
Brüderlich mit Herz und Hand!
Einigkeit und Recht und Freiheit
Sind des Glückes Unterpfand;
Blüh im Glanze dieses Glückes,
Blühe deutsches Vaterland!

Joseph Haydn (1732–1809)
komponierte 1797 die Melodie auf die Hymne (Lobgedicht, Lobgesang) von Haschka. Das Deutschlandlied hat dieselbe Melodie.

Politische Lieder – Stimmungsmesser einer vergangenen Zeit?
Das Lied „Gott erhalte Franz, den Kaiser" wurde 1797 zu Ehren Kaiser Franz II. (1768–1835) Volkshymne in Österreich. Die Melodie war vielen Bürgern in den deutschen Ländern bekannt. Hoffmann von Fallersleben dichtete 1841 die Hymne „Einigkeit und Recht und Freiheit für das deutsche Vaterland" auf diese eingängige Melodie. Heute wird ausschließlich die dritte Strophe des Deutschlandliedes bei staatlichen, sportlichen oder offiziellen Anlässen als Nationalhymne der Bundesrepublik Deutschland gesungen.

1. *Beantworte folgende Arbeitsaufträge für beide Liedtexte in deinem Geschichtsheft:*

1. Schritt: Entstehung des Textes und der Melodie klären
- Was weißt du über den Entstehungshintergrund der Liedtexte (Verfasser, Entstehungszeit, Inhalt, historische Begebenheiten)?

  „Gott erhalte Franz, den Kaiser": verfasst 1797 als Hymne (Lobgedicht)
  von Lorenz Leopold Haschka, ...
  „Deutschlandlied": verfasst 1841 von August Heinrich Hoffmann von Fallersleben, ...

- Wer komponierte die Melodie und zu welchem Anlass?

2. Schritt: Bedeutung des Liedes untersuchen
- Welche Verbreitung hatte das Lied in der Vergangenheit?
- Welche gesellschaftlichen Schichten identifizierten sich mit dem Lied?
- Welche Bedeutung hat das Lied in der Gegenwart? Worin liegen die Gründe für diese (große oder geringe) Bedeutung?

1. *Welche Texterläuterung passt zu welchem Fachbegriff? Trage die Buchstaben in die Lösungskästchen ein. Bei richtiger Zuordnung erhältst du das Lösungswort.*

1. Es fand am 300. Jahrestag der Reformation statt.
2. historisch gesicherter Herrschaftsanspruch eines Fürsten
3. Vereinigung von Studenten
4. Zusammenschluss von starken Einzelstaaten zu einem Gesamtstaat
5. Wiederherstellung der alten politischen Ordnung
6. Lebens- und Kunststil in Deutschland nach dem Wiener Kongress
7. Bund von drei europäischen Monarchen
8. Beschlüsse der deutschen Fürsten zur Absicherung ihrer Macht
9. gegenseitige Unterstützung der Fürsten
10. Begriff für eine revolutionäre Literaturrichtung in Deutschland nach dem Wiener Kongress
11. gewählte Volksvertreter in Frankfurt

Begriff	Buchstabe
Restauration	**S**
Solidarität	**A**
Legitimität	**E**
Bundesstaat	**T**
Biedermeier	**C**
Vormärz	**N**
Wartburgfest	**D**
Burschenschaft	**U**
Karlsbader Beschlüsse	**L**
Nationalversammlung	**D**
Heilige Allianz	**H**

Lösungswort:

1	2	3	4	5	6	7	8	9	10	11

M1 Carl Spitzweg, Der Kaktusliebhaber, um 1855.

2. *Beschreibe, was auf dem Bild M1 zu sehen ist.*

3. *Begründe, warum das Bild M1 aus der Zeit des Biedermeier stammt.*

Die Anfänge der Industrialisierung

Großbritannien als Vorreiter der Industrialisierung

In Großbritannien waren im 18. Jahrhundert die geografischen, wirtschaftlichen und gesellschaftlichen Bedingungen für ein Wirtschaftswachstum günstig: Die Insellage sowie die vielen Häfen und Flüsse erleichterten den Gütertransport. Der Abbau von Kohle- und Eisenerzvorkommen löste den alten Brenn- und Werkstoff Holz ab. Kostengünstige Rohstoffe aus den Kolonien standen zur industriellen Verarbeitung im Mutterland zur Verfügung. Die Bevölkerungszahl war stark angestiegen. Es gab keinen Zunftzwang. Die Prinzipien des Absolutismus und der Grundherrschaft lockerten sich früher als auf dem europäischen Festland.
Dadurch konnte sich die Wirtschaft schneller entwickeln. Das erwirtschaftete **Kapital** wurde wiederum in den Ausbau der Produktion und in technische Neuerungen gesteckt. Durch den Überseehandel konnte sich in Großbritannien schon früh eine kapitalistische (vom Gewinnstreben bestimmte) Geisteshaltung durchsetzen. Fleiß und Erfolg sahen die Puritaner (englische Calvinisten) als gottgefällig an.

Kapital
Ein Vermögen, das im Wirtschaftsprozess eingesetzt wird, damit es sich schnell und stark vermehrt. Man unterscheidet zwischen Geld- und Produktivkapital (Maschinen und Fabriken).

Tiefgreifende Veränderungen für Mensch und Umwelt

Anfang des 18. Jahrhunderts fassten viele Großgrundbesitzer ihren verstreuten Landbesitz zu großen Anbauflächen zusammen und setzten Dresch- und Sämaschinen sowie Dünger ein. Die Fruchtwechselwirtschaft löste die Dreifelderwirtschaft ab. Vor allem die besseren Anbaumethoden und die neuen Maschinen steigerten die Ernteerträge. Kleinbauern waren nicht mehr konkurrenzfähig. Viele verkauften ihren Besitz an die Großgrundbesitzer und wurden Landarbeiter oder zogen als Lohnarbeiter in die Städte.

Industrielle Revolution
Prozess, der im 18. Jahrhundert in Großbritannien begann und sich im 19. Jahrhundert in Europa und den USA fortsetzte. Verstädterung und Fabrikproduktion führten zu nachhaltigen Veränderungen in Gesellschaft und Wirtschaft.
Der Einsatz von Maschinen ersetzte menschliche Arbeitskraft sowie Handwerkzeuge. Dadurch wurde die Herstellung von Massenware möglich.

Fortschritt durch Technik

Die technischen Erfindungen kamen in rascher Abfolge. 1769 entwickelte der Schotte James Watt eine leistungsfähige Dampfmaschine. Sie fand als Antriebsmaschine im Bergbau und in den Fabriken Verwendung. Dampfpflüge wurden in der Landwirtschaft eingesetzt. Der Bedarf am Werkstoff Gusseisen stieg. Ab 1783 stellte man im Puddelverfahren harten Stahl her. In der Textilbranche ermöglichte die Erfindung von Web- und Spinnmaschinen (1768 „Spinning Jenny") Massenproduktion. Großbritannien exportierte (verkaufte) seine kostengünstigen Fertigwaren ins Ausland. 1814 baute der Engländer George Stephenson die erste Dampflokomotive. Dampfschiffe und die Eisenbahn beschleunigten das Transportwesen. Die Dampfmaschine wurde zum Motor der **Industriellen Revolution**.

Industrielle Revolution

seit 1770	*1768*	*1769*	*1783*	*1785*
Industrielle Revolution in Großbritannien	„Spinning Jenny" von James Hargreaves entwickelt	James Watt erfindet die Dampfmaschine	Henry Cort ermöglicht die Herstellung von Stahl im Puddelofen	Erfindung des mechanischen Webstuhls

1. *Was waren die Voraussetzungen für die Industrialisierung in Großbritannien? Trage die Lösung auf den Schreiblinien ein.*

geografisch:

Insellage, ...

Landwirtschaft:

Handel:

2. *Was stimmt hier nicht? Korrigiere die Fehler auf den Schreiblinien.*

1969 erfand der Schotte George Stephenson eine Dampfmaschine, welche die zehnfache Leistung

eines Packesels (10 PS = 10 Packesel) erbrachte. Die Dampfmaschine löste einen großen Bedarf an

Puddeleisen aus, das im Gussofen hergestellt wurde. Später wurden auch Dampfflugzeuge für die

Landwirtschaft gebaut.

1814	1834	1835	seit 1840	1848
George Stephenson baut die erste Dampflokomotive	Gründung des Deutschen Zollvereins	erste Eisenbahnlinie in Deutschland	Industrielle Revolution in Deutschland	„Manifest der kommunistischen Partei" von Karl Marx und Friedrich Engels

Die Industrialisierung in Deutschland

Deutschland – ein Nachzügler?

Auch 1815 nach dem Wiener Kongress war Deutschland kein einheitlicher Staat, sondern ein lockerer Staatenbund. Zollschranken zwischen den deutschen Teilstaaten erschwerten den freien Handel. Ein einheitlicher Wirtschaftsraum fehlte. Zwar gab es in der Textil- und Metallbranche teilweise konkurrenzfähige Produktionsstätten, flächendeckend aber mangelte es an Kapital für Investitionen und an der Kaufkraft der Bevölkerung. Die Prinzipien der **Marktwirtschaft** setzten sich im landwirtschaftlich geprägten Deutschland erst allmählich durch.

Die deutschen Staaten versuchten, die industrielle Entwicklung durch Gesetze zu unterstützen. So konnte Deutschland, obwohl die Industrialisierung hier erst in den 1840er Jahren einsetzte, in manchen Industriebereichen zum Marktführer werden, wie z. B. beim Eisenbahnbau.

Marktwirtschaft
Wirtschaftsordnung, bei der Angebot und Nachfrage, also der Markt, über die Konkurrenzfähigkeit von Produkten und Unternehmen entscheiden.

Made in Germany – ein Standort setzt sich durch

Durch die Gründung des **deutschen Zollvereins** 1833/34 entstand in Deutschland ein gemeinsamer Binnenmarkt. Die Schnellpost und der Siegeszug der **Eisenbahn** beschleunigten den Transport von Waren und Nachrichten. Die Schwerindustrie war mit den Namen Krupp und Thyssen eng verbunden. Industriegebiete wie das Ruhrgebiet entstanden. In der Elektrobranche wurden die Firmen Siemens und AEG zu Pionieren der modernen Industrie und in der Großchemie waren die Unternehmen Bayer und Hoechst Sinnbilder für den deutschen Fortschritt.

Deutscher Zollverein
1833/34 schlossen sich fast alle deutschen Länder zum deutschen Zollverein zusammen. Damit fielen die Zollschranken zwischen den Mitgliedsländern. Gleiche Maße, Münzen und Gewichte wurden eingeführt. Jeder Einwohner eines Mitgliedslandes konnte in jedem anderen Mitgliedsstaat arbeiten.

Eisenbahn
1835 fuhr die erste Eisenbahn in Deutschland, zwischen Nürnberg und Fürth. Bald folgten Langstreckenfahrten von Köln nach Antwerpen, von Leipzig nach Dresden oder von Köln nach Minden. Das brachte Vorteile für das Transportwesen: kürzere Reisezeiten im Personenverkehr, schnellere Beförderung von Rohstoffen in die Industrieregionen sowie Erleichterungen im Gütertransport.

Die Schattenseiten des Aufschwungs

Die Gewerbefreiheit ersetzte seit 1810 Schritt für Schritt den Zunftzwang. Das bereitete dem Handwerk große Probleme. Viele Betriebe konnten sich nicht gegen die Konkurrenz der billigen Fabrikwaren, besonders aus Großbritannien, behaupten und mussten schließen. In den Städten gab es ein Überangebot an Arbeitskräften, sodass die Löhne sanken. Auch viele Kinder mussten für den Lebensunterhalt ihrer Familien mitarbeiten. Missernten führten in den 1840er Jahren zu Teuerungen, Hungersnöten, Unruhen und Aufständen. Auf mögliche Umweltschäden nahm man bei der Industrialisierung keine Rücksicht.

ALFRED KRUPP

Alfred Krupp (1812–1887) war deutscher Großunternehmer der Stahlbranche aus Essen. Mit 14 Jahren übernahm er die verschuldete Gussstahlfabrik seines Vaters. Die Zahl der beschäftigten Arbeiter erhöhte sich von 70 (im Jahr 1848) auf 20000 (1887). Zu ihrer sozialen Absicherung richtete er eine Betriebskrankenkasse und eine Sterbekasse ein. Arbeiterwohnviertel mit Mietskasernen wurden auf Firmenkosten gebaut. Krupp führte das Siemens-Martin-Verfahren zur Stahlerzeugung ein, entwickelte den nahtlosen Eisenbahnreifen und riesige Dampfstielhämmer. Als Produzent von Kanonen sicherte er sich viele Rüstungsaufträge.

1. *Die Industrialisierung begann in Deutschland erst um 1840. Kreuze drei Gründe dafür an.*

a) ☐ kein Interesse	b) ☐ Zollschranken	c) ☐ Kriege und Krisen
d) ☐ billige Konkurrenz aus Großbritannien	e) ☐ Mangel an Erfindern	f) ☐ Geldmangel

2. *Friedrich List (1789–1846) war deutscher Wirtschaftswissenschaftler und ein wichtiger Vorkämpfer der deutschen Eisenbahnen und des Zollvereins. Er bezeichnete den deutschen Zollverein und die Eisenbahn als siamesische Zwillinge (bereits im Mutterleib zusammengewachsene Zwillingskinder). Erkläre, was List damit meinte. Nenne Vorteile, die der Zollverein und die Eisenbahn für die Industrialisierung in Deutschland brachten.*

____

____

____

____

M1 Industrialisierung in Deutschland um 1850.

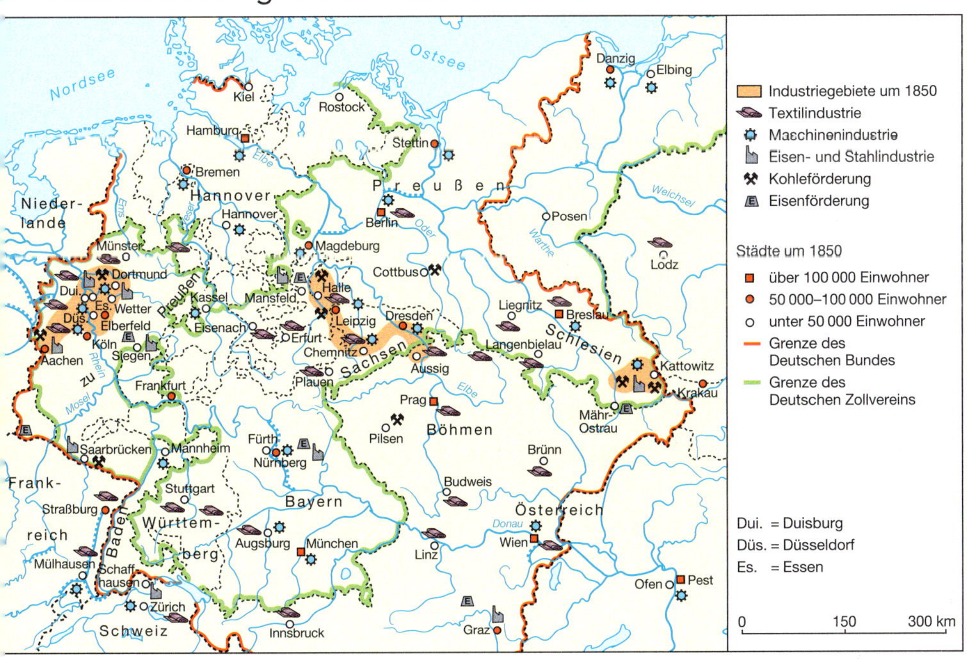

3. *Werte die Karte M1 aus: Nenne drei Industriezweige des Ruhrgebiets.*

____

____

____

____

____

____

4. *Wo befand sich damals ein weiteres Industriegebiet in Deutschland?*

____

5. *Nenne drei deutsche Städte, die damals mehr als 100 000 Einwohner hatten.*

____

Folgen der Industrialisierung

Eine neue Klasse entsteht

Auf der Suche nach Arbeit begaben sich ehemalige Bauern, Landarbeiter oder Handwerker in die städtischen Fabriken oder arbeiteten im Bergbau. Diese Landflucht sowie das starke Wachstum der deutschen Bevölkerung Ende des 19. Jahrhunderts führten zu einem Überangebot an billigen Arbeitskräften. Für wenig Lohn mussten die Arbeiter täglich 14 bis 18 Stunden schuften. Meist reichte der Lohn trotzdem kaum für den Lebensunterhalt einer Familie. Deshalb verrichteten Frauen und sogar Kinder in Fabriken oder im Bergwerk Schwerstarbeit. Die Arbeiterklasse wurde auch als **Proletariat** bezeichnet.

Proletariat

(lat. proletarius = Angehöriger der untersten Bevölkerungsschicht; lat. proles = Nachkomme)
Die neue Klasse der Lohnarbeiter entstand während der Industriellen Revolution. Die Arbeiter besaßen außer ihrer Arbeitskraft und ihren Nachkommen fast nichts. Deshalb waren sie in Zeiten von Wirtschaftskrisen und Arbeitslosigkeit besonders hart betroffen.

Kampf der Arbeiter für eine bessere Zukunft

Um sich gegen niedrige Löhne, schlechte Wohn- und Arbeitsbedingungen und fehlende soziale Sicherheit zu wehren, begannen die Arbeiter, sich gemeinschaftlich zu organisieren. Gewerkschaften verlangten bessere Arbeitsbedingungen, mehr Mitspracherecht und höhere Löhne. Durch Streiks versuchten die Arbeiter ihre Forderungen durchzusetzen. Vereine wie der Arbeiterbildungsverein halfen, die schlechte Schulbildung der Arbeiterkinder zu verbessern. Sie waren Hoffnungsträger für einen beruflichen Aufstieg. Arbeiterparteien wie z. B. die Sozialdemokratische Partei Deutschlands wollten auch die gesellschaftliche und politische Stellung der Arbeiter umgestalten. Besonders radikale Ansichten vertraten Karl Marx und Friedrich Engels, die geistigen Wegbereiter des **Sozialismus** und des **Kommunismus**.

Sozialismus

(lat. socius = Genosse)
Ideologie (Denkweise), die gemeinschaftliche Rechte stärker betont als jene des Individuums. Betriebe sollen nicht einem Inhaber privat gehören, sondern dem ganzen Volk. Alle Arbeiter sollen in den Betrieben mitbestimmen dürfen. Angestrebt wird eine gerechte Gesellschaftsordnung, in der alle Menschen gleiche Rechte und Chancen haben sollen.

Kommunismus

Gesellschaftssystem, in dem durch die Revolution und die daran anschließende Herrschaft des Proletariats die sozialistischen Ziele verwirklicht sind: Gemeinschaftseigentum und eine klassenlose Gesellschaft.

Lösungsversuche der sozialen Frage

Auch die Kirchen versuchten, die Not der Arbeiter und Handwerksgesellen zu lindern. Seit 1839 wurde in Preußen Kinderarbeit schrittweise durch Gesetze eingeschränkt. Einige Fabrikbesitzer verbesserten die Wohnsituation ihrer Arbeiter durch den Bau von Mietskasernen. Für die Kinderbetreuung und Schulbildung der künftigen Arbeitergeneration sorgten Unternehmer wie Siemens, Krupp und Borsig. Der deutsche Staat reagierte ab 1883 mit einer sehr fortschrittlichen Sozialpolitik auf das Erstarken der Sozialdemokratie: Kranken-, Unfall-, Alters- und Invalidenversicherung wurden eingeführt.

KARL MARX

Karl Marx (1818–1883) war deutscher Denker und Journalist. Er machte auf die schlechte Lage der Arbeiter aufmerksam und forderte radikale Veränderungen in der politischen und gesellschaftlichen Ordnung. Zusammen mit Friedrich Engels verfasste er 1848 das „Manifest der kommunistischen Partei“. Darin werden der Sieg des Proletariats und der Untergang der Kapitalisten (vor allem Fabrikbesitzer, Unternehmer) geschildert. Sein zweites Hauptwerk ist „Das Kapital“ von 1867. Das revolutionäre Gedankengut seiner Schriften hatte großen Einfluss auf die politischen Entwicklungen im 20. Jahrhundert.

Um 1850 begann die Arbeit in der Fabrik durchschnittlich um 5 Uhr und endete in der Regel gegen 19 Uhr. Die meisten Menschen benötigten ungefähr eine Stunde für ihren Weg zur Arbeit. Der Rest des Tages stand ihnen für Hausarbeit, Erholung, Familienleben und Schlaf zur Verfügung.

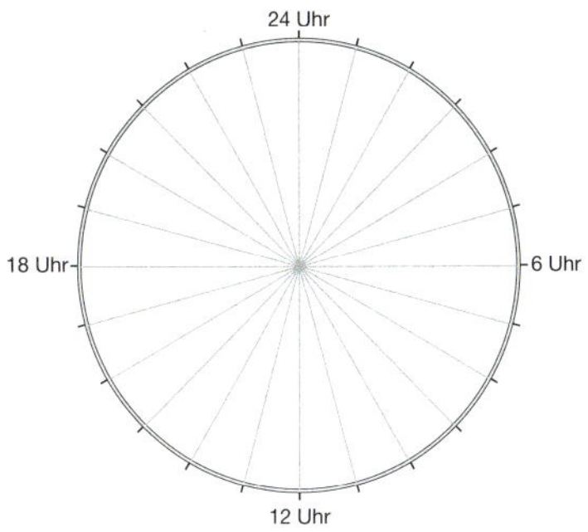

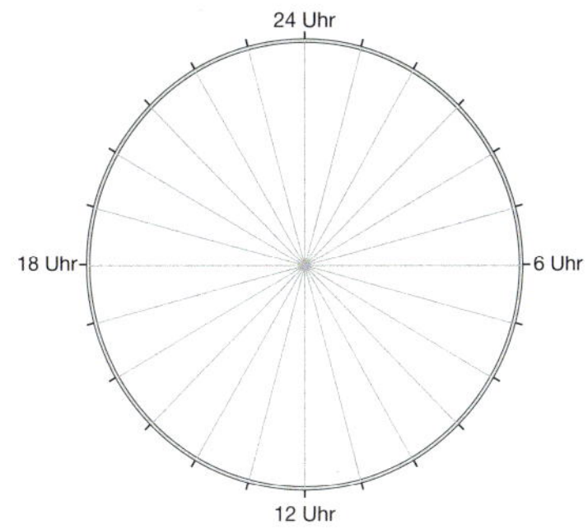

1. *Markiere im linken Kreisdiagramm den Tagesablauf eines Arbeiters um 1850. Gestalte daneben deinen eigenen Tagesablauf. Dann vergleiche beide und formuliere in einem Satz deine Erkennnis.*

____

____

2. *Marx und Engels schrieben 1848 in ihrem „Manifest der kommunistischen Partei", dass die Geschichte aller bisherigen Gesellschaften eine Geschichte von Klassenkämpfen sei. Trage in die Tabelle die Epochen und die sich – laut Marx und Engels – bekämpfenden Klassen ein. Folgende Stichwörter helfen dir dabei.*
Neuzeit, Grundherrn, Mittelalter, Sklavenhalter, Proletariat, Antike, reiches Bürgertum, abhängige Bauern, Sklaven

Epoche	sich bekämpfende Klassen
	◀ ▶
	◀ ▶
	◀ ▶

3. *Die Folgen der Industrialisierung waren für die Arbeiter, Handwerker und Bauern oft schrecklich. Auch ihre Kinder wurden früh in den Arbeitsprozess einbezogen. Was wurde gegen schlechte Arbeits- und Lebensbedingungen getan und durch wen? Ergänze die Übersicht.*

Arbeiter	______________________________
____________________	Veränderung der Arbeits- und Besitzverhältnisse durch eine Revolution der Arbeiter und die Herrschaft der Arbeiterklasse
Krupp, Borsig, Siemens	______________________________
____________________	bessere Arbeitsbedingungen, höhere Löhne, mehr Gerechtigkeit
Deutscher Staat	______________________________

Methode: Industriefotos analysieren

M1 Belegschaftsfoto, um 1900.

Alte Fotos – neues Wissen?

Die Fotografie ist auch eine Erfindung aus der Zeit der Industrialisierung. Seit 1850 war man technisch in der Lage, Papierfotos herzustellen. 1888 kam die erste handliche Kodakkamera auf den Markt. Beim Blättern in alten Familienfotoalben oder Büchern mit historischen Abbildungen stößt man schnell auf Fotos, die sich ohne Hintergrundwissen nur schwer deuten lassen. Auch von der alten Industrie sind oft noch Fotos erhalten. Sie werden in Firmenarchiven aufbewahrt. Wissenschaftler versuchen mithilfe der Fotos, mehr über die Geschichte der Industrie mit ihren technischen und sozialen Veränderungen herauszufinden.

1. *Beantworte folgende Arbeitsschritte in deinem Geschichtsheft:*

1. Schritt: Umstände und Bedingungen der Aufnahme klären

- Wer hat fotografiert und in wessen Auftrag?

Dieses Foto stammt von einem Berufsfotografen, da damals eine Fotoausrüstung sehr teuer war und die fotografierten Personen perfekt aufgestellt sind.

Der Auftrag hierzu kam von der Firmenleitung.

- Wann wurde das Foto gemacht (Datum, Tageszeit, Anlass)?
- Wo wurde fotografiert (Innen- oder Außenaufnahme, Landschaftsfoto, Atelierhintergrund)?
- Wie wurde fotografiert (Blickwinkel von oben oder von unten, Tele- oder Weitwinkelaufnahme)?

2. Schritt: Bildmotiv beschreiben

- Was ist dargestellt (Personen, Gegenstände, Gebäude)?
- Ist ein Thema erkennbar, z. B. aus der Bildüberschrift oder direkt aus dem Foto?
- Welche Bildteile und Einzelteile (Aussehen, Kleidung, Gegenstände wie z. B. Werkzeuge) sind erkennbar und in welchem Verhältnis stehen sie zueinander?

3. Schritt: Bildaussage deuten

- Welchen Gesamteindruck macht das Foto? Was soll damit ausgesagt werden?
- Kann die Aussage durch den Vergleich mit anderen Fotos bestätigt oder ergänzt werden?
- Welche Fragen bleiben offen?

Teste dein Wissen!

1. *Alle diese Begriffe haben mit der Industriellen Revolution zu tun. Verbinde die Begriffe auf der linken Seite mit den passenden Erklärungen auf der rechten Seite. Schreibe dann die Buchstaben hinter den Erklärungen der Reihe nach in die Kästchen. So erhältst du das Lösungswort.*

Begriff	Erklärung	Buchstabe
1 Industrie	Sammelbegriff für die Eisen- und Stahlindustrie	CH
2 produzieren	rasches Wachstum der Bevölkerungszahl	I
3 Arbeitsmaschine	das Recht, eine Erfindung allein zu verwerten	A
4 Kraftmaschine	Art und Weise, wie etwas hergestellt wird	E
5 Produktivität	Schaffen, Hervorbringen, Erzeugen von Verbrauchsgütern	A
6 Patent	erleichtert oder ersetzt menschliche Arbeit	M
7 Kapital	erzeugt Energie, mit der Maschinen angetrieben werden	PF
8 Schwerindustrie	Geld, das ein Unternehmer einsetzt, um Gewinne zu machen	S
9 Bevölkerungsexplosion	Leistungsfähigkeit, Ergiebigkeit	M
10 Proletarier	wörtlich: Fleiß; Herstellung von Massenwaren mithilfe von Maschinen; Gesamtheit der Fabrikbetriebe	D
11 Produktionsform	Lohnarbeiter ohne eigenen Besitz, Bürger der untersten Klasse	N

Lösungswort:

2. *Silbenrätsel: Dampf (3x) – mo - Jen – ham – lo – ve – Spin – pflug – ko – ning – ny – ti – mer*
Nenne mithilfe der Silben vier Erfindungen der Industriellen Revolution und ordne sie dem richtigen Bild zu.

3. *In welchen Wirtschaftsbereichen (z. B. Bergbau) wurden diese Erfindungen eingesetzt? Trage die Lösung in die Tabelle ein.*

Wirtschaftsbereich				
Erfindung				

Gründung des Deutschen Kaiserreichs

Auf dem Weg zum deutschen Nationalstaat

Nach der Revolution von 1848 veränderten sich die politischen Strukturen i Deutschland kaum. Die Fürsten festigten ihre Macht wieder. Preußen unc Österreich blieben die beiden größten Staaten im Deutschen Bund. Aller dings verschoben sich seit den 1850er Jahren vor allem wegen der Industri alisierung die Machtverhältnisse zugunsten Preußens. Unter den Bürger blieb die Idee eines deutschen Nationalstaates wach. Der preußische Minis terpräsident Otto von Bismarck bevorzugte die **kleindeutsche Lösung** unte der Führung Preußens. Wegen der Vormachtfrage brach 1866 ein Krieg zwi schen Preußen und Österreich aus, den Peußen gewann. Österreich schiec aus dem Deutschen Bund aus und Preußen gründete 1867 mit den norddeut schen Staaten den **Norddeutschen Bund**. Frankreich fürchtete mit dem Aufstieg Preußens eine Machtverschiebung in Europa. Auslöser für den Deutsch Französischen Krieg wurde die Frage nach der Thronfolge in Spanien. Un den Einfluss Preußens zurückzudrängen, erklärte Frankreich am 19. Juli 187(Preußen den Krieg. Frankreich musste im Januar 1871 kapitulieren.

Kleindeutsche Lösung

Lösungsmöglichkeit für die „deutsche Frage", die einen deutschen Nationalstaat ohne Österreich und unter preußischer Führung vorsieht. Im Gegensatz dazu steht die großdeutsche Lösung mit der Einbeziehung Österreichs in einen deutschen Nationalstaat.

Norddeutscher Bund

Bund aus 22 deutschen Staaten nördlich des Mains. Er trat 1867 an die Stelle des Deutschen Bundes. Der König von Preußen führte den Bund, der innere und äußere Sicherheit garantieren sollte und eine Bundesverfassung erhielt. Der Norddeutsche Bund bestand bis 1870.

Die Reichsgründung

Schon während des Deutsch-Französischen Krieges machte Bismarck der Vorschlag, den Norddeutschen Bund und die süddeutschen Staaten zu ver binden. 1871 fand die feierliche Gründung des **Deutschen Kaiserreiches** im Spiegelsaal von Schloss Versailles, der Residenz der französischen Könige statt. Wilhelm I. wurde am 18. Januar 1871 zum ersten deutschen Kaiser aus gerufen. Frankreich musste hohe Kriegsentschädigungen zahlen und Elsass Lothringen an das Deutsche Reich abtreten. Während die deutschen Bürge die Reichsgründung feierten, war die französische Bevölkerung sehr verbit tert.

Deutsches Kaiserreich

Nach dem Sieg über Frankreich wurde 1871 das Deutsche Kaiserreich gegründet, das bis 1918 bestand. Dies war die Geburtsstunde des ersten deutschen Nationalstaats.

WILHELM I.

Wilhelm I. (1797–1888) wurde 1861 zum preußischen König gekrönt. Er führte den Oberbefehl über die preußische Armee im Deutsch-Dänischen Krieg (1864) und im Deutsch-Deutschen Krieg (1866). 1867 übernahm er den Vorsitz im Norddeutschen Bund. Am 18. Januar 1871 wurde er in Schloss Versailles zum ersten deutschen Kaiser ausgerufen. In der Politik überließ er die Aufgaben überwiegend seinem Reichskanzler Bismarck.

Deutsches Kaiserreich

- 1862: Otto von Bismarck wird preußischer Ministerpräsident
- 1866: Deutsch-Deutscher Krieg: Preußen besiegt Österreich
- 1867: Gründung des Norddeutschen Bundes
- 1870/71: Deutsch-Französischer Krie Frankreich verliert den Krie

1. *Diese Aussagen sind unvollständig und durcheinandergeraten. Fülle zuerst die Lücken in den Textpassagen aus und bringe dann die Ereignisse in die richtige zeitliche Reihenfolge, indem du sie von 1 bis 5 durchnummerierst. Trage die Zahlen in die Kästchen ein.*

☐ 1867 gründete Preußen mit 22 deutschen Staaten nördlich des Mains den

______________________________.

☐ Auslöser für den Krieg zwischen Frankreich und Preußen war die Frage nach der Thronfolge in ______________________. Frankreich verlor 1871 diesen Krieg.

☐ Damit war das Deutsche ______________, der erste deutsche Nationalstaat, gegründet.

☐ Die beiden Großmächte Preußen und Österreich kämpften um die ______________ in Mitteleuropa und führten 1866 Krieg. Diesen gewann ______________.

☐ Die süd- und norddeutschen Staaten wurden miteinander verbunden, Wilhelm I. wird im Spiegelsaal von Schloss zum deutschen ausgerufen.

2. *Welche Karte gehört zu welcher Aussage von oben? Schreibe die Nummer der richtigen Aussage hinter den passenden Buchstaben in den Kasten.*

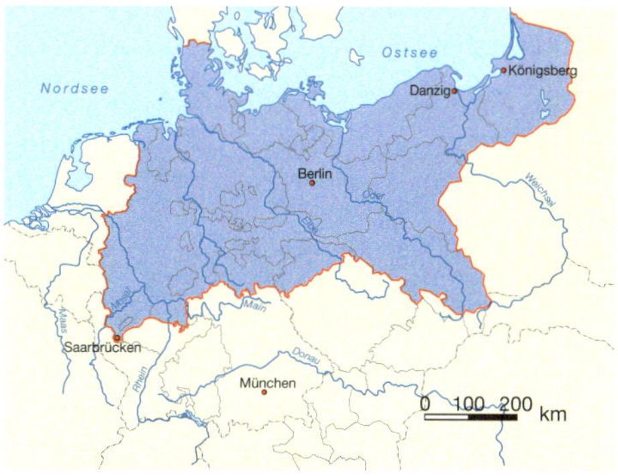

A

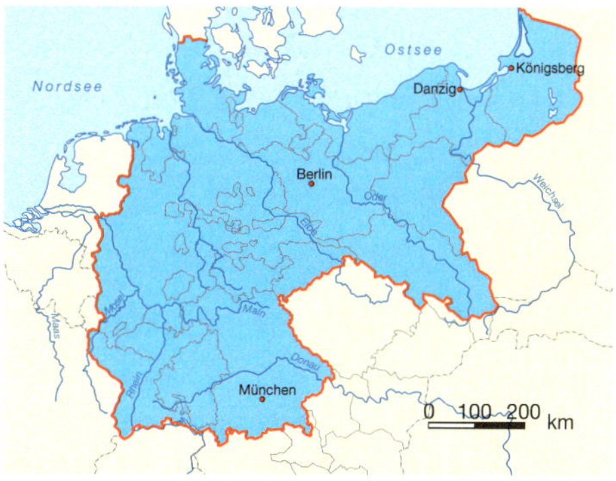

B

Karte A ________ Karte B ________

1871	1878	1879–1890	1883–1889	1890
Gründung des Deutschen Kaiserreichs in Schloss Versailles Beginn des Kulturkampfes	Erlass des Sozialistengesetztes	Bismarcks Bündnissystem	Einführung der staatlichen Sozialversicherung in Deutschland	Entlassung Bismarcks durch Kaiser Wilhelm II.

Verfassung und Außenpolitik im Kaiserreich

Mehrheitswahlrecht
Männer aller Bevölkerungsschichten ab 25 Jahren waren bei der Wahl der Abgeordneten in den Deutschen Reichstag stimmberechtigt. Frauen hatten kein Wahlrecht. Es galt das Mehrheitswahlrecht: Demnach reichte die relative Mehrheit eines Kandidaten in einem bestimmten Wahlkreis für den Wahlsieg aus.

Dreiklassenwahlrecht
Wahlrecht in Preußen. Eine kleine Anzahl von sehr reichen Bürgern (1. Klasse) wählte genauso viele Abgeordnete wie eine große Gruppe von Bürgern mit mittlerem (2. Klasse) oder kleinem (3. Klasse) Einkommen. Wer viele Steuern zahlte, hatte ein stärkeres Stimmrecht.

Bündnissystem Bismarcks
Mit seinem Bündnissystem bestimmte Bismarck die deutsche Außenpolitik bis 1890. Sein Ziel war es, Frankreich zu isolieren. Deshalb schloss er folgende Bündnisse:
- 1873 (Abkommen) bzw. 1881(Vertrag) Dreikaiserbündnis (Deutschland – Österreich – Russland)
- 1879 Zweibund (Deutschland – Österreich)
- 1882 Dreibund (Deutschland – Österreich – Italien)
- 1887 Rückversicherungsvertrag (Deutschland – Russland)
- 1887 Mittelmeerabkommen (Großbritannien – Italien – Österreich)

Die Reichsverfassung – Verfassung ohne Grundrechte

Die herausragende Stellung von Kaiser und Adel sowie von Preußen als größter deutscher Macht fand sich auch in der Reichsverfassung von 1871 wieder: Der preußische König war zugleich deutscher Kaiser, der preußische Ministerpräsident zugleich Reichskanzler.

Der Kaiser hatte den Oberbefehl über das Heer, entschied über Krieg und Frieden und ernannte den Reichskanzler, der nur dem Kaiser verantwortlich war. Dadurch hatte der Reichskanzler gegenüber dem Reichstag eine starke Stellung. Der Reichskanzler war Regierungschef und Vorsitzender des Bundesrates. Der Reichstag entschied über die Bewilligung von Steuern, den Haushalt und wirkte bei der Gesetzgebung mit. Den Gesetzesbeschlüssen der Abgeordneten mussten jedoch die Vertreter der Fürsten im Bundesrat zustimmen. Die Reichtagsabgeordneten wurden nach dem **Mehrheitswahlrecht** und nicht mehr nach dem **Dreiklassenwahlrecht** gewählt. Im Unterschied zu der Verfassung der Frankfurter Paulskirche von 1849 garantierte die Reichsverfassung keine Grundrechte. Trotz der gemeinsamen Reichsverfassung blieben die deutschen Fürsten in ihren Ländern Staatsoberhäupter mit eigenen Landesverfassungen.

Außenpolitik – das Bündnissystem von Bismarck

Mit der Gründung des Deutschen Reiches nach den drei Kriegen von 1864, 1866 und 1870/71 war in der Mitte Europas ein neuer bedeutender Staat entstanden. Das europäische Mächtegleichgewicht zwischen Großbritannien, Frankreich, Russland, Preußen und Österreich-Ungarn schien gefährdet. Vor allem Frankreich war seit dem Deutsch-Französischen Krieg mit den neuen Machtverhältnissen nicht einverstanden und wollte die verlorenen Gebiete zurückgewinnen. Bismarck fürchtete, dass sich Frankreich mit anderen Staaten verbinden und einen Krieg gegen das Deutsche Reich führen könnte. Deshalb schloss er mit verschiedenen europäischen Staaten Bündnisse, um so Frankreich zu isolieren und den Frieden in Europa zu garantieren. Als Außenminister betonte er, dass Deutschland keine Gebietszugewinne anstrebe und saturiert (gesättigt) sei. Er baute ein komplexes **Bündnissystem** mit Großbritannien, Österreich-Ungarn, Italien und Russland mit dem Ziel auf, dadurch ein Gleichgewicht zwischen den Interessen dieser Länder herzustellen und aufrechtzuerhalten.

BISMARCK

Otto von Bismarck (1815–1898) stammte aus einer konservativen preußischen Landadelsfamilie. Nach dem Jurastudium zog er als Abgeordneter in den preußischen Landtag. 1862 wurde er unter Wilhelm I. preußischer Ministerpräsident. 1871 trug er maßgeblich zur Gründung des Deutschen Reiches bei, dessen Reichskanzler und Außenminister er bis zu seiner Entlassung 1890 durch Kaiser Wilhelm II. blieb.

M1 Die Reichsverfassung von 1871.

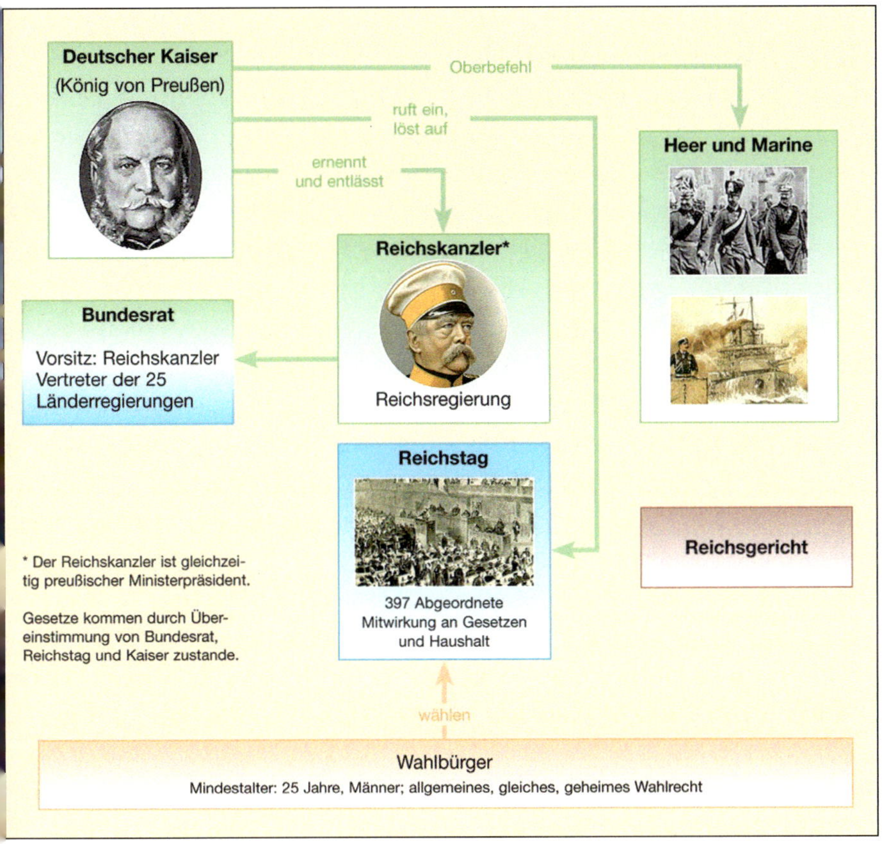

1. *Werte das Schaubild M1 aus. Wer bzw. welche Macht dominiert in der Reichsverfassung von 1871?*

2. *Warum überwiegt deiner Meinung nach diese Macht? Begründe deine Antwort mit Beispielen.*

3. *Analysiere das Bündnissystem Bismarcks mithilfe des Schaubildes M2. Welche Situation ergab sich dadurch für Deutschland und Frankreich?*

M2 Bismarcks Bündnissystem.

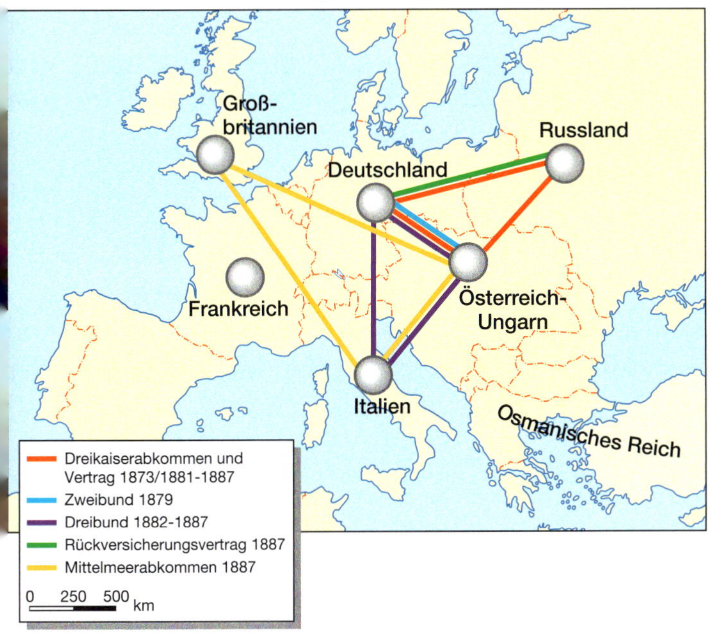

Politik und Gesellschaft im Kaiserreich

Die Gesellschaft des Kaiserreichs

Das Deutsche Reich war in kurzer Zeit zu einer der führenden Industriemächte aufgestiegen. In der Wissenschaft und Technik gab es große Fortschritte, die Bevölkerung wuchs, das Leben veränderte sich. Man nennt die Jahre zwischen 1871 und 1890 auch „Gründerzeit". Dennoch blieb die **Gesellschaft des Kaiserreichs** klar abgegrenzt. Die führende Schicht war der Adel, der sich durch einen gehobenen Lebensstil von der übrigen Gesellschaft abheben wollte. Die Bürger waren stolz auf den Staat, den Kaiser und die militärische Führung. Die Erziehung zum Patriotismus (Liebe zum Vaterland) spielte eine wichtige Rolle. Die Armee vermittelte neben militärischen Fertigkeiten auch Kaisertreue, Disziplin, Gehorsam und Patriotismus. Denkmäler entstanden in vielen Städten und Dörfern. Orden und Uniformen prägten den Alltag. Kaiser, Adel und hohe Militärs waren Vorbilder für das Bürgertum. Die großen Unterschiede zwischen den sozialen Schichten blieben trotz der staatlichen Einheit Deutschlands bestehen. **Parteien** vertraten die unterschiedlichen Interessen der Schichten.

Gesellschaft des Kaiserreichs
Die Gesellschaft gliederte sich in Oberschicht (Adel, Großbürger), Mittelschicht (Beamte, Handwerker, Angestellte) und Unterschicht (Arbeiter, Dienstboten).

Parteien
Die bedeutendsten Parteien ab 1860 waren die Nationalliberalen (Wähler aus Bürgertum und Wirtschaft), die Zentrumspartei (Katholiken), die Konservativen (Großgrundbesitzer, Offiziere) und die Sozialdemokraten (Arbeiter).

Bismarcks Politik gegen Kirche und Arbeiterschaft

Der Machtpolitiker Bismarck verstand es, innerhalb der Gesellschaft gezielt Spannungen zu schüren, um die verschiedenen Gesellschaftsgruppen gegeneinander auszuspielen. So konnte er selbst die Politik bestimmen.
Seit der Reichsgründung stand Bismarck mit den Katholiken (36 % der deutschen Bevölkerung) und ihrer Zentrumspartei in Konflikt. Die katholische Kirche übte großen Einfluss auf Staat und Gesellschaft aus. Bismarck sah dadurch staatliche Rechte verletzt. Er versuchte mit zahlreichen Gesetzen, den Einfluss der katholischen Kirche in Deutschland zurückzudrängen und so die Stellung des Staates zu stärken. Wer sich nicht an die Gesetze hielt, wurde inhaftiert (eingesperrt). Bismarck wusste dabei die protestantisch orientierte Mehrheit hinter sich. Letztlich verlief der so genannte **Kulturkampf** im Sande. Die Verfolgung der Katholiken wurde eingestellt, die staatliche Schulaufsicht sowie die staatliche Eheschließung blieben.
Als weitere gesellschaftliche Gruppe wollte Bismarck die Arbeiterschaft für seine Zwecke instrumentalisieren (gebrauchen). Bismarck war besorgt, weil Sozialdemokraten und Gewerkschaften die sozialen und politischen Vorrechte von Adel und Bürgertum abschaffen wollten und immer mehr Anhänger in der Bevölkerung fanden. 1878 erließ er deshalb das **Sozialistengesetz**, das die Organisationsmöglichkeiten der Sozialdemokraten stark einschränkte. Doch im Untergrund organisierte sich die Arbeiterbewegung weiter. Bismarck erkannte bald, dass er die Arbeiter nicht durch Verbote gewinnen konnte. Daher führte er die **staatliche Sozialversicherung** ein, die den Arbeitern im Notfall Sicherheit bieten sollte. Dennoch wuchsen die Stimmenanteile der Sozialdemokraten mit jeder Reichstagswahl. Die staatliche Sozialversicherung blieb vorbildlich für Europa.

Kulturkampf
Konflikt zwischen katholischer Kirche und dem deutschen Staat in den Jahren 1871–1887. Es ging um die kulturelle Freiheit des Staates gegenüber der Kirche.

Sozialistengesetz
Bismarck versuchte 1878 durch dieses Gesetz, die gewerkschaftlichen und politischen Organisationen der Sozialdemokraten auszuschalten. Alle politischen Tätigkeiten der Partei, aber nicht die Partei selbst, wurden verboten.

Staatliche Sozialversicherung
Zwischen 1883 und 1889 wurden die Kranken-, Unfall-, Alters- und Invalidenversicherung eingeführt.

1. *Bismarck führte ab 1883 die staatliche Sozialversicherung ein. Welche Versicherung verbirgt sich hinter den Bildern, die aus einem zeitgenössischen Plakat stammen? Trage die Lösung in die Kästchen ein.*

① 

② 

③ 

2. *Warum wurde die staatliche Sozialversicherung eingeführt?*

3. *Warum sind folgende Aussagen falsch? Finde Gründe.*

a) In der Armee lernten die Soldaten nichts, deswegen war das Militär nicht angesehen.

b) Die Bevölkerung war unzufrieden mit der Gründung des neuen Staates.

c) Allen sozialen Schichten ging es gut im Kaiserreich und alle Bürger waren gleichgestellt.

d) Die Erziehung zum Patriotismus spielte im Kaiserreich keine Rolle.

e) Es gab keine Parteien, die die Interessen der unterschiedlichen Gesellschaftsgruppen vertraten.

Methode: Denkmäler untersuchen

M1 Bismarck-Denkmal in Hamburg, 1906.

Das Bismarck-Denkmal in Hamburg gehört zu den größten und bekanntesten Bismarck-Denkmälern weltweit. Es steht nahe den Landungsbrücken am Hamburger Hafen auf der Elbhöhe, einer ehemaligen Kultstätte. Der damalige Hamburger Bürgermeister Johann Georg Mönckeberg gab es 1903 in Auftrag. 1906 wurde es fertig gestellt. Zu dieser Zeit gab es bereits 306 Bismarck-Denkmäler. Diese große Anzahl der Denkmäler ist Ausdruck des Denkmalkults im Kaiserreich.

Architekt: Johann Emil Schaudt (1871–1957)
Bildhauer: Hugo Lederer (1871–1940)

Maße:
komplette Höhe: 34 m
Skulptur: 15 m; Länge des Schwerts: 8 m
Sockel: 19 m, begehbar (Innenraum fasst 650 Menschen)

Material: Granit

Die Figuren am Sockel symbolisieren die germanischen Stämme. Der Adler ist u. a. Sinnbild für siegreiche Stärke und seit Karl dem Großen Symbol des deutschen Reiches.

Was ist ein Denkmal?
Denkmäler werden meist in Städten, aber auch in Dörfern und in der freien Landschaft aufgestellt, um an ein bestimmtes historisches Ereignis zu erinnern oder das Andenken einzelner Personen zu ehren. Sie sind Orte der Erinnerung, die bei den Bürgern historisches und politisches Bewusstsein wecken sollen. Bereits in der Antike gab es Denkmäler. Im 19. Jahrhundert dienten sie in Deutschland oft dazu, angesehene geistige oder politische Personen sowie militärische Siege zu rühmen. Viele Bauten und Denkmäler stehen heute aufgrund ihrer geschichtlichen Bedeutung unter Denkmalschutz. Wer diese Bauten und Denkmäler beschädigt oder zerstört, wird bestraft. Da wir viel über die Menschen und das Denken in einer bestimmten Epoche erfahren können, sind Denkmäler immer Zeugnisse ihrer Zeit und historisch-politische Quellen.

1. *Beantworte folgende Arbeitsschritte in deinem Geschichtsheft:*

1. Schritt: Denkmal beschreiben und Hintergrundinformationen sammeln

- Beschreibe die dargestellten Figuren und Gegenstände.

  Es ist ein Mann in mittelalterlicher Rüstung als Ritter dargestellt. ...

- Wie ist die Person dargestellt? (Gestik und Mimik, Kleidung, Körperhaltung)
- Welche Daten des Denkmals sind bekannt? (Namen der Künstler, Thema/Titel, Entstehungszeit, Auftraggeber, Maßangaben, Material,...)
- Wo ist das Denkmal aufgestellt? (Bedeutung des Standortes)
- Sind Symbole oder Inschriften vorhanden?

2. Schritt: Denkmal deuten

- Warum wurde das Denkmal geschaffen? Welche Botschaft soll vermittelt werden? Denke an die Funktion und Stellung der dargestellten Person.
- Wie wirkt die Person auf dich? (wirklich, fremd oder bewusst so gestaltet)
- Was erfährst du über die damalige Zeit? (Machtverhältnisse, Gesellschaftsstruktur)

Teste dein Wissen!

1. *Welche Antwort ist richtig? Wenn du die markierten Buchstaben der richtigen Antworten aneinanderfügst, erhältst du das Lösungswort.*

1. Otto von Bismarck wollte bei der Gründung des Nationalstaats
   a) die kleindeutsche Lösung. b) die großdeutsche Lösung. c) gar keine Lösung.

2. Weil sich dieses Land von Preußen gekränkt fühlte, erklärte es 1870 den Krieg.
   a) Österreich b) Russland c) Frankreich

3. Der erste deutsche Kaiser hieß
   a) Wilhelm I. b) Friedrich Wilhelm III. c) Otto I.

4. Der deutsche Kaiser war zugleich
   a) preußischer Kaiser. b) preußischer König.
   c) preußischer Präsident.

5. Otto von Bismarck war
   a) Ministerpräsident und Reichskanzler.
   b) Ministerpräsident und Reichstagsabgeordneter.
   c) Reichtagsabgeordneter und Reichskanzler.

6. In Preußen galt das
   a) Sozialistenrecht. b) Dreiklassenwahlrecht. c) Parteirecht.

7. Die Erziehung zur Liebe zum Vaterland nennt man
   a) Pessimismus. b) Positivismus. c) Patriotismus.

8. Otto von Bismarck erließ gegen die Sozialdemokraten
   a) das Sozialistengesetz. b) die Sozialversicherung. c) das Zivilstandsgesetz.

9. Um einen möglichen Krieg mit den Nachbarstaaten zu verhindern, betonte Bismarck, Deutschland sei
   a) statuiert. b) saturiert. c) ruiniert.

10. Den Zweibund schlossen im Jahre 1879 das Deutsche Reich und
    a) Österreich-Ungarn. b) Italien. c) Russland.

11. Das Neutralitätsabkommen zwischen dem Deutschen Reich und Russland von 1887 nennt man
    a) Zweikaiserbündnis. b) Mittelmeerabkommen. c) Rückversicherungsvertrag.

Das Lösungswort lautet:

Die Welt wird aufgeteilt

Imperialismus
(lat. imperium = Herrschaft, Reich) Streben der industrialisierten Länder nach wirtschaftlicher, politischer und militärischer Vorherrschaft auf Kosten geringer entwickelter Länder in Afrika und Asien. Der Begriff wird meist für die Zeit zwischen 1880 und 1914 verwendet.

Kolonialismus
Politik eines Staates, dessen Ziel es ist, andere Länder zu erwerben, um sie für die eigenen Interessen zu nutzen. Häufig wurden die Kolonien rücksichtslos ausgebeutet.

Sozialdarwinismus
Der Naturforscher Charles Darwin (1809–1882) entwickelte die Theorie der natürlichen Auslese. Demnach überlebe in der Natur immer das am besten angepasste Tier, damit der Erhalt einer Tierart gewährleistet ist. Daraus leiteten die Europäer das Recht des Stärkeren ab. Sie glaubten, dass weißhäutige Menschen jenen mit dunkler Haut überlegen wären. Für die eigene Nation beanspruchten sie das Recht, über andere Völker herrschen zu dürfen. Diese spätere Übertragung der Gedanken Darwins auf die menschliche Gesellschaft nennt man Sozialdarwinismus.

Ursprünge und Voraussetzungen des **Imperialismus**

Seit der Antike versuchten Staaten ihre Macht ausdehnen. Sie gründeten Kolonien und gliederten sich die eroberten Gebiete als Provinzen an. Im 19. Jahrhundert begann eine neue Phase des **Kolonialismus**. Die europäischen Industriestaaten insbesondere Großbritannien und Frankreich sowie Amerika, Russland und Japan traten bei der Kolonisierung (Erwerb oder Eroberung von Ländern als Kolonien) geringer entwickelter Länder in einen Wettlauf.
Die Industrialisierung hatte die technischen Grundlagen dafür geschaffen, Gebiete in Besitz nehmen zu können. Mit moderner Bewaffnung waren die Kolonialherren den Einheimischen weit überlegen. Diese hatten keine Chance, sich gegen die Besatzer zu wehren. Neue Transportmittel und die modernen Möglichkeiten der Kommunikation erleichterten den Kolonialherren zudem die Erschließung der Gebiete und die Ausübung der Herrschaft.

Wirtschaftliche Hintergründe für den „Wettlauf um Kolonien"

Die Kolonialmächte erhofften sich von den Kolonien große finanzielle Vorteile. Es gab dort wichtige Rohstoffe wie z. B. Kupfer, Kautschuk oder Erdöl. Die Besatzungsmächte ließen diese Rohstoffe abbauen und produzierten in den heimischen Fabriken so viel Ware, dass sie nach neuen, noch unerschlossenen Absatzmärkten Ausschau hielten. In den Kolonien verkauften sie dann die industriell gefertigten Produkte und erzielten so große Gewinne.

Machtpolitische Ziele und Grundlagen

Je mehr wirtschaftlichen und weltpolitischen Einfluss einzelne Industriestaaten erlangten, desto stärker wurde das Konkurrenzdenken zwischen ihnen. Jedes Land war besorgt, dass die anderen Staaten durch das Anhäufen von Kolonien eine Vormachtstellung erlangen könnten. Deshalb versuchte jede Kolonialmacht, ihr Gebiet immer weiter auszudehnen. Das Anwachsen der eigenen Gebiete bestärkte zudem das nationale Selbstbewusstsein, das bei vielen Bevölkerungsgruppen auch in übersteigerter Form (Nationalismus) verbreitet war.
Ihre machtpolitischen Ziele begründeten die Kolonialmächte mit dem vermeintlichen Vorrecht, die einheimische Bevölkerung beherrschen zu dürfen. Sie waren der Ansicht, die eigene Kultur, Religion und Lebensweise wären jenen der anderen Völker überlegen. Im Sinn des **Sozialdarwinismus** glaubten die Kolonialherren, auf die Rechte der Einheimischen keine Rücksicht nehmen zu müssen.

ab ca. 1880 — *1884/85* — *1890*

Imperialismus

- ab ca. 1880: Eroberungspolitik der industriellen Großmächte in Afrika und Asien
- 1884/85: Gründung von deutschen Kolonien (Afrika, Pazifik)
- 1890: Beginn der aggressiven Außenpolitik unter Wilhelm II.

M1 Die koloniale Aufteilung der Welt, 1914.

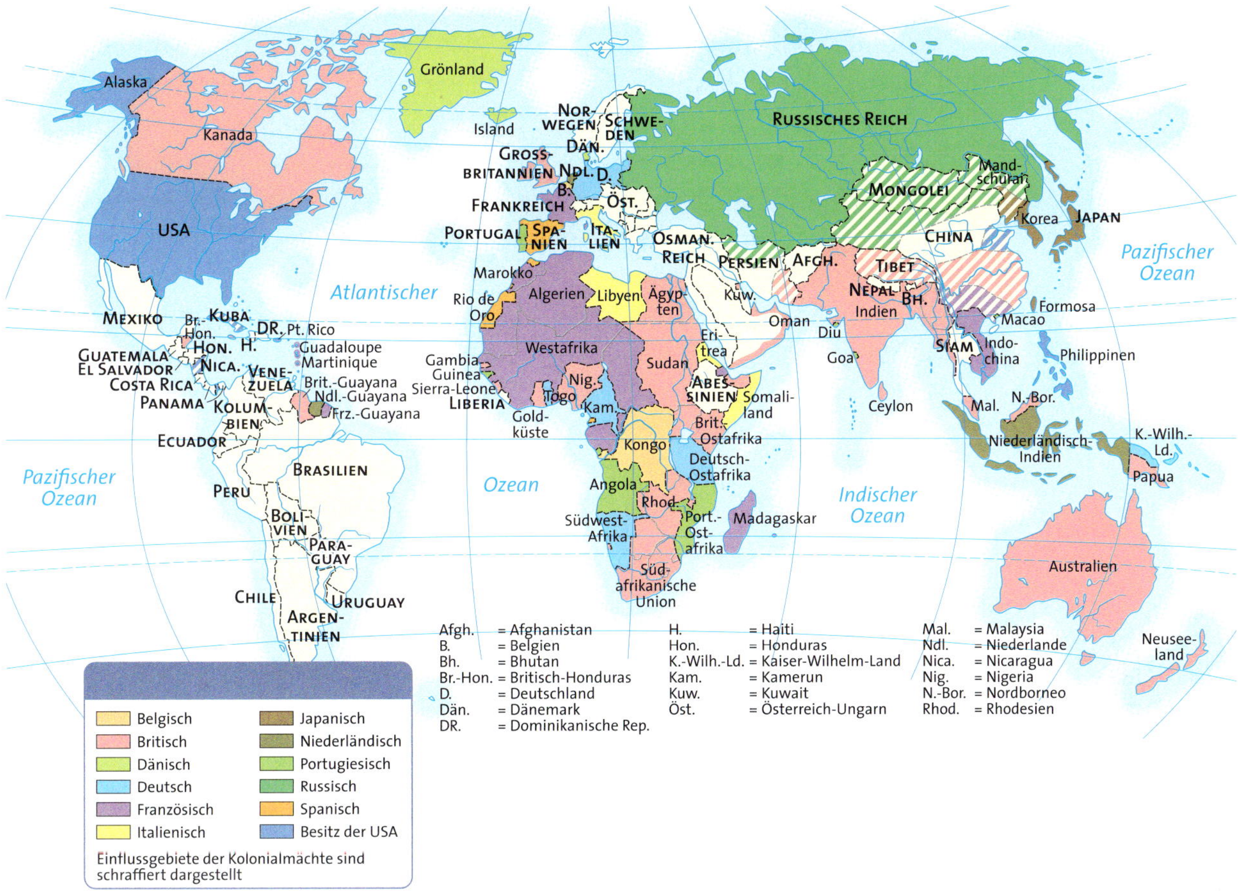

1. *Die Karte M1 zeigt, dass 1914 viele europäische Länder Kolonien auf den verschiedenen Kontinenten hatten. Notiere auf den Schreiblinien, welche Länder damals zu den Kolonialreichen Großbritannien, Frankreich und Deutschland gehörten.*
Hinweis: Kleine Gebiete und Inseln brauchst du bei dieser Auflistung nicht zu berücksichtigen.

Großbritannien: *Kanada, Ägypten …* ______________________

____

____

Frankreich: ______________________

____

Deutschland: ______________________

____

1900	1904	1919	1945
Boxer-Aufstand in China	Herero-Aufstand in Deutsch-Südwestafrika	Deutschland muss alle Kolonien abtreten	Beginn der „Entkolonialisierung“; ehemalige Kolonien werden unabhängig

Die europäischen Kolonialmächte

Kolonien entstehen

Koloniale Herrschaft europäischer Staaten über fremde Gebiete konnte auf verschiedene Weise entstehen. Oft waren Handelsniederlassungen der erste Schritt auf dem Weg zur kolonialen Unterwerfung. Handel konnte zu Konflikten mit den Einheimischen, aber auch mit europäischen Konkurrenten führen. Konflikte konnten vertraglich geregelt werden, sie mündeten aber häufig in militärische Auseinandersetzungen, in denen der Stärkere seine Herrschaft durchsetzte. Handelsniederlassungen waren auch Ausgangspunkt für christliche **Missionierung**. Diese legte die Grundlagen für die kulturelle Anpassung an europäische Vorstellungen. Die Kolonialherren hatten oft ein übersteigertes Sendungsbewusstsein. Sie glaubten, dass ihre Lebensart und Religion auch andere Völker glücklich machen würden. Zudem versuchten sie, aus den Kolonien größtmögliche finanzielle Gewinne herauszuholen.

Missionierung
Systematische Verbreitung der christlichen Lehre durch die Verkündigung des Evangeliums.

Die alten Kolonialmächte Großbritannien und Frankreich

Seit dem 17. Jahrhundert war Großbritannien eine bedeutende See- und Handelsmacht. Die Gründung der Vereinigten Staaten von Amerika 1776 und der damit verbundene Verlust von Kolonien bedeuteten einen Rückschlag. Im 19. Jahrhundert wurde Großbritannien dennoch zur größten Kolonialmacht. Frankreich besaß bereits im 17. Jahrhundert Kolonien. Ab 1830 setzte es die planmäßige Kolonisierung fort.

Deutschland greift nach Kolonien

Bis 1884 hatte Deutschland keine Kolonien. Ein gesamtdeutsches Kaiserreich war erst 1871 entstanden. Vorher war an eine gesamtdeutsche Politik nicht zu denken. Doch auch nach der Reichsgründung konzentrierte sich der Reichskanzler Bismarck auf innenpolitische Probleme – und zeigte kein Interesse an Eroberungen in Übersee. Das missfiel nicht nur dem Kronprinzen Wilhelm (der spätere Kaiser Wilhelm II.), sondern auch den national gesinnten Deutschen, den Kaufleuten und Militärs, die lautstark „einen Platz an der Sonne" (so der spätere Reichskanzler Bernhard von Bülow, 1897) forderten. Diese Bevölkerungsgruppen wollten die Stellung des Deutschen Kaiserreiches als europäische Großmacht durch den Besitz von Kolonien nach außen zeigen. 1884 gab der Kanzler dem Druck nach: Es wurden die Kolonien Deutsch-Südwestafrika, Kamerun und Togo gegründet. 1885 folgten Deutsch-Ostafrika und einzelne Inselgruppen in der Südsee.

WILHELM II.

Der deutsche Kaiser und König von Preußen Wilhelm II. (1859–1941) geriet nach der Thronbesteigung 1888 schon bald in Konflikt mit Bismarck. 1890 entließ er deshalb den Reichskanzler aus seinem Amt. Wilhelm II. betrieb nun eine von Nationalismus und Geltungssucht geprägte imperialistische Außenpolitik und machte mit seinen Plänen zum Aufbau einer Flotte den deutschen Anspruch auf Kolonien geltend. Deutschland geriet dadurch in internationale Konflikte. Er war mitverantwortlich für den Ausbruch des Ersten Weltkrieges. 1918 musste er abdanken. Daraufhin ging er ins Exil in die Niederlande.

1. *Welche Bevölkerungsgruppe vertrat bei der Kolonisierung welche Standpunkte? Ordne die möglichen Meinungsäußerungen zum Imperialismus den richtigen Buchstaben zu und trage sie in die Lösung ein.*

① Unser Land soll endlich auch ein mächtiger Staat werden, der fremde Gebiete erobert. Dem Selbstbewusstsein unserer Bürger tut es gut, wenn wir Kolonien besitzen, dann vergessen sie die innenpolitischen Probleme. Wir haben auch Anspruch auf einen Platz an der Sonne, damit unser Volk endlich genügend Siedlungsraum zum Leben hat.

④ Wir brauchen Rohstoffe und neue Absatzmärkte, damit es mit der Wirtschaft aufwärts geht! Außerdem bieten Kolonien für uns gute Möglichkeiten, unser Geld gewinnbringend anzulegen.

② Wir brauchen mehr Waffen und ein größeres Heer, damit wir in den Kolonien Stützpunkte aufbauen können. Sonst greifen uns die Wilden an! Engländer und Franzosen sollen uns dabei bloß nicht in die Quere kommen! Für einen eventuellen Krieg müssen wir bestens gerüstet sein.

③ Wir sind ein gebildetes Volk, dessen Leistungen bisher noch nicht genug gewürdigt worden sind. Durch Kolonien erlangen wir endlich international Geltung und bringen den Wilden zugleich Kultur und Religion bei. Es ist ein gutes Gefühl zu wissen, was unser Volk leisten kann.

Industrielle A

Politiker B

Militärs C

national gesinnte Bevölkerung D

Lösung: 1 ______ 2 ______ 3 ______ 4 ______

2. *Welche Motive standen hinter der Kolonisierung? Suche im Text und in den Sprechblasen nach Gründen und trage sie in die Tabelle ein.*

politisch	
militärisch	
wirtschaftlich	
bevölkerungspolitisch	
weltanschaulich	

Folgen des Imperialismus

Folgen für die Kolonien und ihre Bewohner

Die Besatzer behandelten die Einheimischen sehr erniedrigend. Sie vernichteten die ursprüngliche Kultur und zwangen die Menschen, die Kultur der „zivilisierten" Kolonialherren zu übernehmen. Die Kolonialherren versuchten, die einheimische Bevölkerung zum christlichen Glauben zu bekehren. Sie zwangen Bauern zur Plantagenarbeit. Sie führten europäische Sprachen als Amtssprachen ein. Sie zogen willkürlich neue Staatsgrenzen. So wurden einheimische Völker zwischen verschiedenen Herrschaftsgebieten zerrissen oder mussten unter gleicher Herrschaft mit fremden Völkern zusammenleben. Die Kolonialherren enteigneten die Einheimischen großflächig. Auch deswegen kam es immer wieder zu Aufständen der einheimischen Bevölkerung, wie z. B. dem **Boxer-Aufstand** in China oder dem **Herero-Aufstand** in Deutsch-Südwestafrika. Aufstände wurden grausam unterdrückt – bis hin zum Völkermord an den Einheimischen.
Die Kolonialherren beuteten auch die Natur massiv aus: Sie ließen Rohstoffe abbauen und Tropenwälder abholzen. Daneben ließen sie Plantagen errichten, auf denen nur eine Fruchtsorte angebaut wurde (Monokultur). Einseitige Nutzung laugte die Erde aus. Düngung fand flächendeckend Einsatz. Während in den europäischen Ländern die kolonialen Produkte wegen des großen Angebots immer billiger wurden, hatte die einheimische Bevölkerung keinen finanziellen Nutzen vom Handel.

Boxer-Aufstand
Der chinesische Geheimbund, der sich erst gegen das Herrscherhaus, dann gegen die fremden Besatzer auflehnte, nannte sich „Boxer". 1900 schlugen Großbritannien, Frankreich, Russland, Deutschland und die USA den so genannten Boxer-Aufstand in China gemeinschaftlich nieder.

Herero-Aufstand
Der Aufstand der Herero und Namas gegen die deutschen Besatzer brach 1904 in Deutsch-Südwestafrika aus. Die Deutschen ließen die Aufständischen in der Wüste verdursten. Sie begingen damit einen Völkermord an den Herero, von denen 1905 nur noch 16 000 von ursprünglich 80 000 lebten.

Folgen für die Kolonialmächte

Den meisten Staaten brachten die Kolonien wesentlich weniger finanziellen Gewinn als erhofft. Dagegen führten sie zu neuen Problemen:
Bei der Gründung immer neuer Kolonien gerieten die Kolonialmächte in Konkurrenz zueinander. Großbritannien versuchte beispielsweise in Afrika, den Kontinent vom Kap der guten Hoffnung bis Kairo zu kolonisieren. Frankreich machte sich zum Ziel, Afrika von der West- bis zur Ostküste – von Dakar bis Djibouti – zu erobern. So entbrannte ein Konflikt zwischen Frankreich und Großbritannien. 1898 trafen die Truppen beider Nationen in Faschoda (am Oberen Nil im Sudan) aufeinander. Diesmal gelang es noch, die Krise vertraglich beizulegen. Zwischen Russland und Japan kam es 1904 gar zum Krieg und die **Marokko-Krisen** zwischen Deutschland und Frankreich erreichten 1905/06 und 1911 gefährliche Höhepunkte.
Die Spannungen zwischen den Nationen stiegen stetig an, was ein Wettrüsten der imperialistischen Staaten zur Folge hatte.

Marokko-Krisen
Als Frankreich und Großbritannien sich 1904 in einem Bündnis („Entente Cordiale") einigten und Frankreich in dem Vertrag Marokko zugesprochen bekam, erhob Deutschland 1905 Anspruch auf Marokko. Die Friedenskonferenz bestätigte 1906 Marokkos Unabhängigkeit. 1911 spitzte sich der Konflikt erneut zu: Wiederum konnte Deutschland seine Forderungen nicht durchsetzen. Bei diesen Krisen wurde deutlich, dass Deutschland nur Österreich-Ungarn als Verbündeten hatte – also in Europa isoliert war.

1. *In den Kolonien entstand im Lauf der Zeit ein Teufelskreis, der die Lage besonders für die Kolonien verschlechterte. Aber auch für die Kolonialmächte ergaben sich Probleme. Trage in das Schaubild die Faktoren und Gründe dafür ein.*

Kolonialherren

einheimische Bevölkerung der Kolonien

finanzielle Interessen an Kolonien

Unrecht an der Bevölkerung durch

____

____

____

____

____

____

Schäden für Umwelt durch

____

____

____

____

____

Probleme für Besatzer durch

______________ der Einheimischen

____

____

____

____

Methode: Werbebotschaften entschlüsseln

M1 Werbeplakat, um 1900.

„Lux won't shrink wool" heißt übersetzt „Lux lässt Wolle nicht schrumpfen".

M2 Reklamebild in einer Zeitschrift, 1885.

Wozu Werbung?

Die Eroberung von neuen Gebieten brachte es mit sich, dass völlig neue Produkte auf den europäischen Markt gelangten. Um diese exotischen Waren den heimischen Kunden bekannt zu machen und um sie zum Kaufen anzuregen, begannen die Firmen im 19. Jahrhundert, gezielt an Litfaßsäulen und in Zeitungen dafür zu werben. Aus den Werbetexten und -bildern kann man einiges herauslesen – weit mehr, als die Hersteller der Werbung eigentlich beabsichtigt haben. Deshalb sind Werbeanzeigen interessante Quellen. Das gilt für die alten Werbemittel, von denen du vielleicht noch Exemplare wie alte Blechschilder auf Flohmärkten finden kannst, das gilt aber genauso für moderne Annoncen.

1. *Untersuche beide Werbemittel und beantworte folgende Arbeitsschritte in deinem Geschichtsheft.*

1. Schritt: **Form und Inhalt der Werbung beschreiben**

- Welche Form der Werbung liegt vor?

  Bei M1 handelt es sich um ein Werbeplakat, bei M2 um ...

- Welche Personen, Gegenstände und Textelemente sind dargestellt?
- Welche Firma wirbt für welches Produkt?
- Mit welchem Argument möchte die Werbung den Empfänger zum Kauf des Produkts bewegen?

2. Schritt: **Werbung interpretieren und kritisch beurteilen**

- In welcher Rolle erscheinen die Menschen in der Werbung?
- Weshalb wurden hier dunkelhäutige Menschen abgebildet? Inwiefern unterscheiden sie sich von den Europäern?
- Würdest du selbst gerne an der Stelle der Menschen abgebildet werden? Begründe deine Antwort. Tipp: Überdenke die Rolle, die den dunkelhäutigen Menschen in dieser Werbung zugewiesen wurde. Mit welchen Sachen oder Merkmalen werden diese Menschen verglichen?

Teste dein Wissen!

1. *Wenn du das Rätsel lösen kannst, bist du ein Experte für das Zeitalter des Imperialismus. Vervollständige die Lücken. Beachte, dass Umlaute aufgelöst werden (z. B. wird aus „ä" „ae", aus „ß" „ss").*

1	_ _ _ _ _ _ _ II.
2	_ _ D _ _ _ _ _ _ _ _ _ _ _ _ _ _ _
3	_ _ _ O
4	_ _ _ _ _ _ M _ _ _ _
5	_ _ _ _ _ _ _ _ _ W _ _ _ _ _ _ _
6	_ _ _ _ _ N _ _
7	_ E _ _ _ _ _ _ _ _ _
8	_ _ _ SS _ _ _ _ _ _ _ _ _ _
9	_ _ _ _ H _ _ _
10	_ _ _ S _ _ _ _ _
11	_ _ _ _ _ _ _ _ _ _ M _ _
12	_ _ _ _ _ _ _ _ _ _ _ _ G
13	_ _ R _ _ _

1. deutscher Kaiser, der großen Wert auf Kolonien legte
2. Sie schuf die Grundlage für den Imperialismus.
3. kleinste deutsche Kolonie in Afrika
4. Afrika sollte ein ? für in Europa hergestellte Produkte sein.
5. Denkweise, die das Recht des Stärkeren behauptet
6. Großbritannien und Frankreich schlossen 1904 ein ? gegen Deutschland.
7. Zeichen für die steigenden Spannungen in Europa um 1900
8. größte Kolonialmacht
9. Krisengebiet zwischen Großbritannien und Frankreich in Afrika um 1898
10. Man holte sie aus den Kolonien in die Mutterländer.
11. Zusammengehörigkeitsgefühl und übersteigertes Selbstbewusstsein der Menschen in einem Staat
12. anderes Wort für „Verbreitung des Christentums"
13. afrikanisches Volk, das Opfer eines Völkermordes wurde

Europa vor dem Ersten Weltkrieg

Mittelmächte
Bezeichnung für die Hauptverbündeten im Ersten Weltkrieg Deutschland und Österreich-Ungarn aufgrund ihrer Mittellage zwischen den Gegnern in West- und Osteuropa.

Entente
Bezeichnung für die Gegner der Mittelmächte im Ersten Weltkrieg, die ursprünglich aus der Entente Cordiale („herzliches Einverständnis") zwischen Frankreich und England entstand.

Panslawismus
Theorie, dass die Slawen aufgrund ihrer Geschichte und Religion anderen Völkern überlegen seien und dass dem russischen Volk eine Führungsrolle zukomme, alle Slawen unter seiner Herrschaft zu vereinen.

Attentat von Sarajewo
Am 28. Juni 1914 wurden der österreichische Thronfolger Erzherzog Franz Ferdinand und seine Frau bei einem Staatsbesuch in der bosnischen Hauptstadt Sarajewo von Attentätern ermordet. Dies war der Anlass für den Beginn des Ersten Weltkrieges am 1. August 1914.

Die Rivalität der Großmächte

Zu Beginn des 20. Jahrhunderts verstärkte sich der Kampf der europäischen Großmächte um Kolonien und politischen Einfluss überall auf der Welt. Die Rivalität und das Geltungsbedürfnis führten zu einem allgemeinen Wettrüsten. Damit nahm aber auch das Misstrauen der Mächte untereinander ständig zu, und es kam zu neuen Bündnissystemen und zur Blockbildung in Europa: Den **Mittelmächten** Deutschland und Österreich-Ungarn standen in der **Entente** die Alliierten (Verbündeten) Frankreich, Russland und Großbritannien gegenüber.

Der Krisenherd Balkan

Eine schwierige Krisenregion zu dieser Zeit war der Balkan. Im 19. Jahrhundert führten die unterworfenen slawischen Völker mehrere Kriege, um sich aus der Herrschaft des Osmanischen Reichs (Türkei) zu befreien: Griechenland, Serbien, Rumänien und Albanien wurden selbstständige Staaten. Aber auch die europäischen Großmächte, besonders Russland und Österreich-Ungarn, zeigten großes Interesse an diesem Gebiet: Das russische Zarenreich unterstützte durch den **Panslawismus** die Balkanvölker, insbesondere Serbien. Die Habsburgermonarchie versuchte, die Unabhängigkeitsbestrebungen auf dem Balkan zu unterdrücken, um den eigenen Vielvölkerstaat mit seinen unterschiedlichsten Nationalitäten (Deutsche, Ungarn, Slowaken) zu sichern. Dabei fand Österreich Unterstützung bei seinem Verbündeten Deutschland. Vor allem um Bosnien-Herzegowina, das sich Österreich 1908 gewaltsam angeeignet hatte, entbrannte ein erbitterter Streit mit Serbien. Die Serben wollten ihr Land vergrößern und einen Zugang zum Mittelmeer. Es brauchte also nur einen Funken und das „Pulverfass Europas" würde explodieren.

Der Weg in den Krieg

Der Anlass zum Krieg kam am 28. Juni 1914: Das **Attentat von Sarajewo**, wofür Österreich Serbien verantwortlich machte, löste einen Konflikt aus, den die europäischen Großmächte nicht mehr regional begrenzen konnten. Die gegenseitigen Bündnisverpflichtungen und die militärischen Planungen führten in der Julikrise 1914 zu Ultimaten, Mobilmachungen der Armeen und schließlich zu einer Reihe von Kriegserklärungen, die meist von den Mittelmächten ausgingen. Aus einem ursprünglich lokal begrenzten Konflikt war binnen eines Monats ein europäischer Krieg geworden. In ganz Europa zogen die Menschen begeistert in den Krieg und glaubten an den schnellen Sieg ihres eigenen Landes.

19./20. Jahrhundert | 1914 | 1915

Erster Weltkrieg

- Balkankrisen und -kriege
- 28.6. Attentat von Sarajewo, „Julikrise": Ultimaten, Mobilmachungen
- 1.8. Beginn des Ersten Weltkrieges
- Stellungskrieg und Materialschlachten an der Westfront
- erfolgreiche deutsche Offensive an der Ostfront

M1 Das europäische Bündnissystem vor dem Ausbruch des Ersten Weltkrieges.

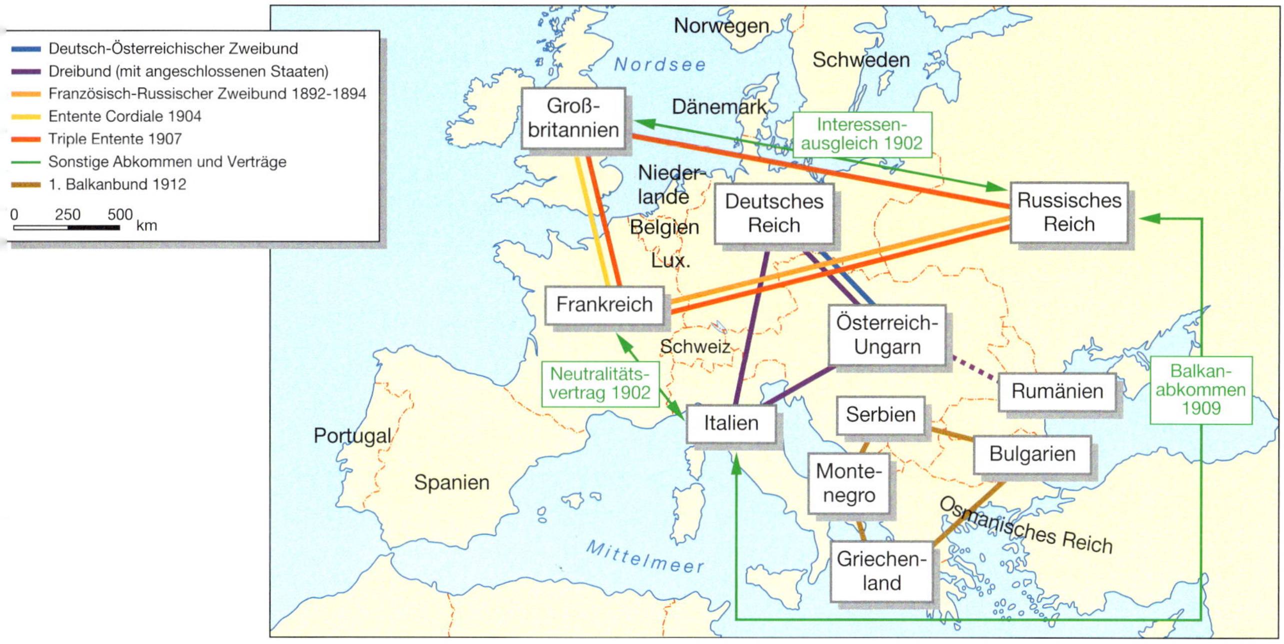

1. *Werte das Schaubild M1 aus: Benenne die Bündnispartner von Deutschland, Frankreich und Serbien und weise sie den einzelnen Verträgen zu.*

Deutschland: Österreich-Ungarn (Zwei- und Dreibund), ... __________

Frankreich: __________

Serbien: __________

2. *Erkläre mithilfe von M1 die Bezeichnung „Mittelmächte" für Deutschland und Österreich-Ungarn.*

____

3. *Vergleiche dieses Bündnissystem in M1 mit dem Bündnissystem Bismarcks. Schlage hierzu auf Seite 23 nach. Worin liegt der Unterschied?*

____

____

4. *Beschreibe das Kräfteverhältnis beider Blöcke in M1. Was folgerst du daraus?*

____

1917

- ...lacht von Verdun
- ...ngel an der ...matfront
- uneingeschränkter deutscher U-Boot-Krieg
- 6.4. Kriegseintritt der USA
- 24./25.10. Oktoberrevolution in Russland

1918

- Revolution in Deutschland
- 11.11. Waffenstillstand von Compiègne und Ende des Ersten Weltkrieges

1919

- Pariser Friedenskonferenzen
- 28.6. Versailler Vertrag

Ein Ausflug nach Paris?

Schlieffenplan
Die Strategie des Generals von Schlieffen sah vor, zunächst Frankreich in einem raschen Feldzug durch die Übermacht des deutschen Heeres niederzuringen. Währenddessen wollte man an der Ostfront mit relativ geringen Kräften die vordringende russische Armee abwehren. Danach sollten alle Truppen gegen Russland erfolgreich eingesetzt werden.

Stellungskrieg
Die Armeen gruben sich an den Fronten in einem tief gestaffelten System von Schützengräben, Stacheldrahtverhauen und Unterständen ein. Mit dem Einsatz neuartiger Waffen wie Maschinengewehren, Flammenwerfern, Giftgasgranaten, Panzern und Kriegsflugzeugen sowie tagelangem Trommelfeuer setzten schreckliche Materialschlachten ein.

Hölle von Verdun
Von Februar bis Oktober 1916 tobte diese Schlacht. Die Strategie des deutschen Generals Falkenhayn war, Frankreich „ausbluten" zu lassen und so zum Aufgeben zu zwingen. In den grausamen Kämpfen fielen über 600 000 Soldaten.

Vom Bewegungs- zum Stellungskrieg 1914–16

Die deutsche Kriegsstrategie folgte dem **Schlieffenplan**, der für den Fall eines Zweifrontenkrieges entworfen worden war. Über das neutrale Belgien und Luxemburg stieß das Heer im August 1914 in einem raschen Feldzug nach Nord- und Ostfrankreich vor, um die französische Hauptstadt einzukesseln. Durch den schnellen Vormarsch und den Truppenabzug an die Ostfront, wo eine Niederlage gegen Russland drohte, wurde das deutsche Heer aber geschwächt. Den deutschen Generälen Ludendorff und Hindenburg gelang im Osten bei Tannenberg und an den Masurischen Seen der Sieg. Doch französische und englische Verbände gingen im Westen zum Gegenangriff über. An der Marne blieb der deutsche Angriff stecken. Der Krieg wandelte sich von einem Bewegungs- zum **Stellungskrieg**. In verlustreichen Materialschlachten wie der so genannten **Hölle von Verdun** versuchten beide Seiten, die Front zu durchbrechen und einen entscheidenden Sieg zu erringen.

Das Gesicht des Krieges

Die Materialschlachten wurden zum Symbol der skrupellosen Industrialisierung des Tötens und des sinnlosen Massensterbens. Ganze Städte und Dörfer wurden dem Erdboden gleichgemacht, die Landschaft verwandelte sich in ein ödes Trichterfeld. Die Soldaten fühlten sich den Kriegsgewalten hilflos ausgeliefert. Viele der überlebenden Soldaten kehrten schwer verwundet aus dem Krieg zurück. Die schrecklichen Erinnerungen und Folgen machten diesen Krieg für eine ganze Generation zu einem Alptraum.

Kriegsalltag im Deutschen Reich

Auch in der Heimat musste die Zivilbevölkerung große Opfer bringen. Die britische Flotte blockierte die Einfuhr von Rohstoffen nach Deutschland. Für den uneingeschränkten Krieg, der alle Menschen erfasste, mobilisierte der Staat durch Propaganda (Verbreitung von Ideen und Zielen) die letzten Reserven. Da die Männer im Krieg waren, wurden viele Frauen zur Arbeit zwangsverpflichtet. Die schwere körperliche Arbeit in den Fabriken, z. B. in der Rüstungsindustrie, der Haushalt und die Kindererziehung führten zu erheblichen Belastungen für die Frauen. Hinzu kam der Hunger, an dem die ganze Bevölkerung durch den Mangel an Lebensmitteln litt. Die Nahrungsmittel wurden rationiert (eingeteilt), man bekam sie nur noch gegen Vorlage von Lebensmittelkarten. Die Folgen waren verheerend: Von 1914 bis 1918 verhungerten in Deutschland Hunderttausende Menschen.

HINDENBURG

Paul von Hindenburg (1847–1934) stammte aus einer preußischen Offiziers- und Gutsbesitzerfamilie. Er nahm am Deutsch-Deutschen Krieg 1866 und am Deutsch-Französischen Krieg 1870/71 teil. Im Ersten Weltkrieg war er Generalfeldmarschall und bildete zusammen mit Kaiser Wilhelm II. und General Ludendorff die Oberste Heeresleitung (OHL). Von 1925–1934 war er Reichspräsident der ersten deutschen Republik.

1. *Wie sah der Kriegsalltag an der Front und in der Heimat aus? Setze folgende Wörter in den Lückentext ein: Kriegsbegeisterung, Zivilbevölkerung, Front, Frauen, Blockade, Frieden, Stellungskrieg, Rohstoffen, Marne, Lebensmittelkarten, Schützengräben, britische*

Nachdem der deutsche Vormarsch im Westen an der ____________________ zum Stehen gebracht worden war, erstarrte die ____________________ . Aus dem Bewegungskrieg war ein ____________________ geworden. Auf einer Länge von 700 km lagen sich die Soldaten in ____________________ gegenüber. Stundenlang wurde die gegnerische Stellung unter Feuer genommen. Besonders schwer hatte auch die ____________________ zu leiden. Die ____________________ Flotte verhinderte, dass Handelsschiffe deutsche Häfen anliefen. Mit dieser ____________________ unterband sie die Einfuhr von Lebensmitteln und wichtigen ____________________ für die Kriegswirtschaft. Je länger der Krieg dauerte, desto spürbarer wurde der Mangel. Die Bevölkerung erhielt ____________________, die allein zum Kauf bestimmter Waren berechtigten. Alle vorhandenen Arbeitskräfte – auch ____________ – wurden erfasst, um die „Lücken" in den Rüstungsbetrieben zu schließen. Die ____________________ verflog schnell und die Zahl derer, die den ____________________ herbeisehnte, wuchs täglich.

2. *Nach Aussage des deutschen Großadmirals Alfred von Tirpitz (1849–1930) war der Erste Weltkrieg ein „Krieg von völlig neuer Qualität". Finde Gründe, die diese Bezeichnung rechtfertigen, und trage sie auf den Schreiblinien ein. Die oben stehenden Bilder können dir dabei auch behilflich sein.*

____

____

____

Das Entscheidungsjahr 1917

Der Kriegseintritt der USA

Trotz seiner Hochseeflotte gelang es dem Deutschen Reich in den ersten Kriegsjahren nicht, die englische Seeblockade zu durchbrechen. Die Mittelmächte konnten somit keine Lebensmittel und Rohstoffe aus Übersee einführen. Dadurch verschlimmerte sich die Versorgungslage der Bevölkerung und der Kriegswirtschaft. Die OHL setzte daher 1917 ihre ganze Hoffnung auf den uneingeschränkten U-Boot-Krieg. Damit provozierte man aber auch den Kriegseintritt der USA, die trotz ihrer Neutralität seit Kriegsbeginn Kriegsmaterial an die Alliierten lieferten. Bereits 1915 war es mit der Versenkung des britischen Passagierdampfers „Lusitania“ mit mehr als hundert amerikanischen Opfern zu einer ernsthaften Verstimmung gekommen. Im April 1917 erklärte der amerikanische Präsident Wilson Deutschland den Krieg. Er verkündete in seinen **14 Punkten** nicht nur die amerikanischen Kriegsziele, sondern zugleich ein Friedensprogramm. Dieses Angebot wurde jedoch von der OHL abgelehnt. Weil Russland durch die Oktoberrevolution aus dem Krieg ausschied, glaubten die deutschen Offiziere den Krieg im Westen noch gewinnen zu können.

Die russischen Revolutionen

Seit Jahrhunderten herrschten die Zaren uneingeschränkt in Russland. Einer kleinen Oberschicht (Adel, Bürgertum) mit erheblichem Reichtum stand der Großteil der Bevölkerung (Arbeiter, Bauern) in großer Armut gegenüber. Wiederholt kam es daher zu sozialen Unruhen, die aber immer wieder mit Hilfe des Militärs niedergeschlagen wurden. Der Erste Weltkrieg brachte weitere unerträgliche Leiden für das russische Volk mit sich. Im Februar 1917 schließlich revoltierte es gegen die Zarenherrschaft. Da auch das Militär den Gehorsam verweigerte, musste Zar Nikolaus II. abdanken. Eine Provisorische (vorläufige) Regierung aus gemäßigten, bürgerlichen Parteien übernahm die Macht im Staate, führte aber den Krieg weiter. Daneben hatten sich **Sowjets** gebildet. Sie forderten eine Beendigung des Krieges. Die daraus resultierenden politischen Unruhen machten sich die Kommunisten unter Leitung ihrer führenden Köpfe, Lenin und Trotzki, zunutze. Mit den Parolen „Frieden, Land, Brot“ und „Alle Macht den Sowjets“ rissen die **Bolschewiki** am 25./26. Oktober in der so genannten **Oktoberrevolution** die Macht an sich. Der Friede von Brest-Litowsk, der harte Bedingungen für Russland brachte, beendete den Krieg zwischen Russland und Deutschland.

LENIN

Wladimir Iljitsch Uljanow (1870–1924), genannt Lenin, befasste sich intensiv mit der kommunistischen Lehre von Marx und Engels (Marxismus). Er wurde vom Zaren nach Sibirien verbannt und ging ins Exil nach Westeuropa. Nach der Februarrevolution kehrte er im April 1917 mit deutscher Hilfe aus der Schweiz nach Russland zurück. Zusammen mit Trotzki wurde er in der Oktoberrevolution zum Vorsitzenden des Rates der Volkskommissare, der ersten Sowjetregierung. Als Parteiführer und Regierungschef leitete er die neu gegründete Sowjetunion (UdSSR) bis zu seinem Tod 1924.

14 Punkte
Programm des amerikanischen Präsidenten Wilson zur Beendigung des Krieges. Darin forderte er u. a. das Selbstbestimmungsrecht der Völker (Recht eines jeden Volkes, frei über Regierungsform und Entwicklung des eigenen Landes zu entscheiden), eine Demokratisierung der Staaten und die Errichtung eines Völkerbundes, der künftig Kriege verhindern sollte.

Sowjets
Bezeichnung für die in den russischen Revolutionen von 1905 und 1917 entstandenen Ausschüsse (Räte). Dorthin entsandten Soldaten, Arbeiter und Bauern ihre Vertreter zur Wahrnehmung ihrer Interessen.

Bolschewiki
Am Anfang des 20. Jahrhunderts spaltete sich die Sozialdemokratische Arbeiterpartei Russlands: Die Menschewiki („Minderheitler“) wollten schrittweise Reformen. Die radikalen Bolschewiki („Mehrheitler“) forderten eine kommunistische Revolution.

Oktoberrevolution
Russische Revolution, die nach dem Sturz des Zaren im März 1917 gegen die Provisorische Regierung durchgeführt wurde. Die Bolschewiki unter der Führung Lenins kamen an die Macht und eine bolschewistische Diktatur begann.

1. *Sind die Aussagen zum Kriegseintritt der USA im Jahre 1917 richtig oder falsch? Gib die richtige Antwort, falls nötig.*

1. Als die britische Marine über Deutschland eine Seeblockade verhängte, beantwortete das Deutsche Reich dies mit dem Einsatz von U-Booten, die ohne Warnung Kriegs- und sogar Handelsschiffe angriffen.

____

2. Am 7. Mai 1915 versenkte ein deutsches U-Boot den amerikanischen Passagierdampfer „Lusitania", wobei auch 128 englische Passagiere den Tod fanden.

____

3. Der uneingeschränkte U-Boot-Krieg war der letzte Anlass für den Kriegseintritt der USA gegen Deutschland im Jahre 1917.

____

4. Bis zu ihrem Kriegseintritt hatten sich die USA strikt neutral verhalten. 1917 traten sie aus humanitären Erwägungen in den Krieg ein. Wirtschaftliche Eigeninteressen spielten dabei keine Rolle.

____

5. Mit seinen 14 Punkten verkündete Präsident Wilson die amerikanischen Kriegsziele, in denen er nach Kriegsende die Vorherrschaft der USA in Europa und der ganzen Welt forderte.

____

2. *Zahlenrätsel zur russischen Revolution.*
Jede Zahl bedeutet einen bestimmten Buchstaben. Beginne mit den Begriffen, die du kennst, und lege dir zunächst einen Zahlenschlüssel mit den Zahlen von 1 bis 20 an. Dann kannst du die noch unbekannten Wörter ermitteln und die Lösung auf die Schreiblinien eintragen.

20 1 11	a) Titel der russischen Herrscher („Kaiser") ____________
3 10 5 8 5	b) Führer der Oktoberrevolution 1917 ____________
1 11 14 8 15 6 12 15	c) Lehre der Kommunisten ____________
9 4 13 15 3 18 10 16 8 2 8	d) Name der russischen Kommunisten ____________
5 4 16 17 10 9	e) „Rat" auf Russisch ____________
11 4 9 20 2 8	f) Kampfgefährte von b) und Gründer der Roten Armee ____________
9 11 10 15 9 – 13 8 9 4 16 15 2	g) Friedensschluss mit Deutschland ____________
2 7 15 15 11	h) Name für die Sowjetunion (Abkürzung) ____________

Dem Ende entgegen

Die „Großen Vier“

G. Clemenceau (Frankreich), D. Lloyd George (Großbritannien), W. Wilson (USA) und V. Orlando (Italien) vertraten bei den Pariser Friedenskonferenzen unterschiedliche Interessen: Während Wilson einen gerechten Ausgleich zwischen Siegern und Besiegten anstrebte, stand für Clemenceau die Sicherheit des eigenen Landes im Vordergrund. D. Lloyd George setzte sich für eine Milderung der deutschen Gebietsabtrennungen ein. V. Orlando forderte u. a. die Abtretung Südtirols bis zum Brenner an Italien.

Versailler Vertrag

Mit der Unterzeichnung des Versailler Vertrags am 28. Juni 1919 wurde eine Grundlage für die Neuordnung Europas gelegt. Deutsche Kolonien und Teile des Staatsgebietes wurden abgetrennt, Demontagen (Abbau von Industrieanlagen) durchgeführt. Geregelt wurden u. a. die Abrüstung, das Verbot schwerer Waffen und der allgemeinen Wehrpflicht, die Wiedergutmachung der alliierten Kriegsschäden durch Reparationen sowie Eingriffsrechte der Alliierten in Deutschland. Die Auseinandersetzung um den Vertrag und seine wirtschaftlichen Folgen belasteten die junge deutsche Republik. Die rechten, nationalistischen Parteien betrieben eine Hetze gegen den Versailler Vertrag und wurden populär (bekannt).

Der Zusammenbruch Deutschlands

Obwohl seit der russischen Oktoberrevolution die Ostfront als Belastung wegfiel, konnte die Westfront durch die Überlegenheit der amerikanischen Truppen nicht mehr gehalten werden. Im Herbst 1918 erklärte deshalb die OHL, dass der Krieg nicht mehr zu gewinnen sei, und forderte einen sofortigen Waffenstillstand. Zugleich sollte eine Verfassungsreform durchgeführt werden, in der Parlament und Reichstag mehr Rechte erhalten sollten. Die OHL schob den Sozialdemokraten die Schuld für den verlorenen Krieg zu. Der parlamentarisch (von Volksvertretern) gewählte Reichskanzler Max von Baden bat den amerikanischen Präsidenten auf der Grundlage der 14 Punkte um Vermittlung eines Waffenstillstands. Die Verhandlungen der Alliierten in einem Eisenbahnwagen im Wald von Compiègne unter französischer Federführung verzögerten sich aber immer mehr. Währenddessen brach in Deutschland die Revolution aus, die den Kaiser zur Abdankung zwang und eine Republik begründete. Die politischen Vertreter der Republik unterzeichneten schließlich am 11. November 1918 den Waffenstillstand: Damit war der Erste Weltkrieg beendet.

Die Pariser Friedenskonferenzen

1919 versammelten sich die Siegermächte in Paris, um Friedensverträge auszuarbeiten und eine neue Ordnung in Europa und Übersee zu schaffen. Die politischen Entscheidungen fielen im Rat der **„Großen Vier“**, wobei es große Interessengegensätze zwischen den USA, Großbritannien, Frankreich und Italien gab. Die Franzosen konnten letztlich ihre harten Forderungen nach Gebietsabtretungen, Abrüstung und Reparationen (Kriegsentschädigungen) durchsetzen. Begründet wurde dies mit der alleinigen Kriegsschuld der Mittelmächte. Das rief vor allem in Deutschland große Empörung hervor.
In Versailles, wo 1871 mit der Kaiserproklamation das Deutsche Reich gegründet worden war, fanden die Verhandlungen über einen Friedensvertrag mit Deutschland statt. Deutsche Vertreter waren nicht zugelassen. Die Bestimmungen des **Versailler Vertrags**, vor allem die Reparationslasten, waren für das Deutsche Reich sehr hart. Auch vom Völkerbund blieb Deutschland vorläufig ausgeschlossen. Die Nationalversammlung, das Parlament der neu gegründeten Republik, musste aufgrund der militärischen Drohung der Alliierten dem Vertrag zustimmen und ihn unterzeichnen.

Die Neuordnung Europas

Zusammen mit dem Zerfall Russlands 1917 hatten die Pariser Friedensverträge eine grundlegende Veränderung der politischen Landkarte Europas festgeschrieben. Ein neu entstandener Staatengürtel reichte nun von Finnland, den baltischen Staaten Estland, Lettland und Litauen im Norden über Polen, der Tschechoslowakei, Österreich und Ungarn bis zum „Königreich der Serben, Kroaten und Slowenen“ (später Jugoslawien) auf dem Balkan.

M1 Mittel- und Osteuropa 1914.

M2 Mittel- und Osteuropa 1920.

1. *Finde mithilfe der Karten M1 und M2 heraus, welche Staaten nach dem Ersten Weltkrieg bzw. den Pariser Friedensverträgen neu entstanden sind?*

2. *Führe die Staaten auf, die sich territorial vergrößert haben.*

M3 Versailler Vertrag und seine Bestimmungen.

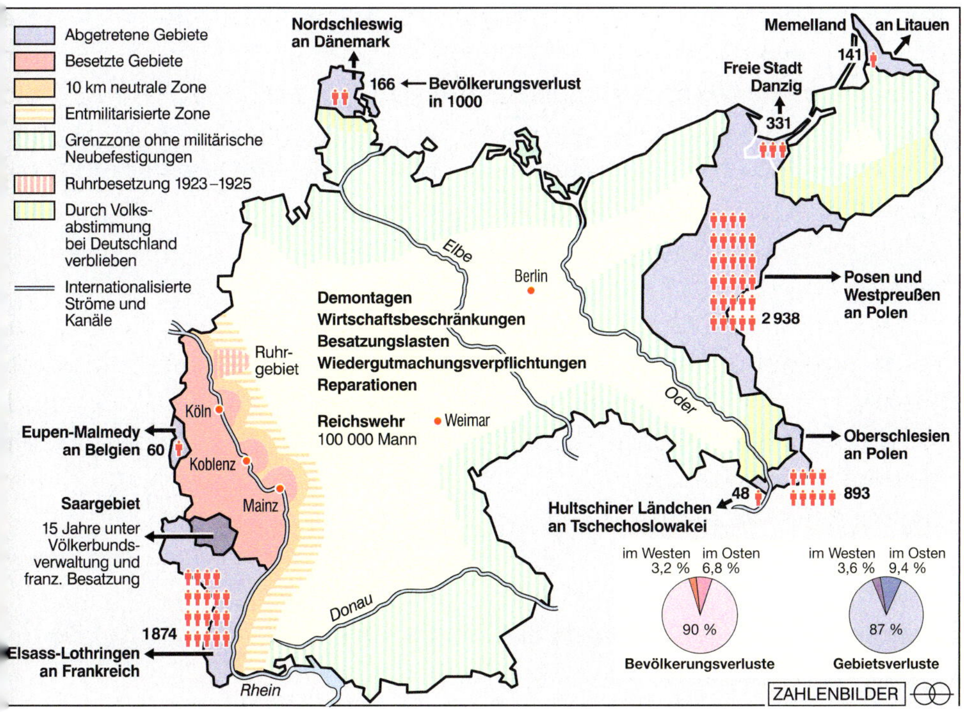

3. *Erstelle anhand des Schaubildes M3 und des Textes auf S. 42 eine Liste mit den territorialen, militärischen und wirtschaftlichen Bestimmungen des Versailler Vertrags und schreibe sie in dein Geschichtsheft.*

4. *Welche konkreten Folgen hatte dies für Deutschland? Schreibe die Lösung in dein Geschichtsheft.*

Methode: Feldpostkarten untersuchen

M1 Feldpostkarte, um 1915.

Was bezweckten Feldpostkarten?
Der Erste Weltkrieg war auch ein Krieg der Bilder. Zur militärischen Mobilmachung gehörte ebenso die geistige Mobilmachung durch Propaganda, die Patriotismus, Kriegsbegeisterung, Sieges- und Durchhaltewillen entfachen sollte. Dazu eigneten sich sehr gut Bildpostkarten, die als neues Medium (Informationsträger) rasche Verbreitung fanden. Allein deutsche Soldaten versandten – portofrei – während des Krieges zehn Milliarden Feldpostkarten. Sie wurden von den Angehörigen aufbewahrt und spiegeln heute ein authentisches (echtes) Bild von der damaligen Kriegsstimmung und der Alltagskultur wider.

1. *Beantworte folgende Arbeitsschritte in deinem Geschichtsheft:*

1. Schritt: Bildinhalt erfassen
- Welche Personen, Gegenstände und Textelemente sind dargestellt?

  Im Vordergrund liegt ein Soldat in voller Montur im Gras. Er ist am Kopf verletzt.

  In seiner Hand hält er einen Brief, den er gerade gelesen hat …

- In welcher Beziehung stehen die Dargestellten zueinander?

2. Schritt: Bildaussage erschließen
- Welchen Zweck erfüllt der Text? In welchen Sinnzusammenhang lassen sich dadurch die einzelnen Bildelemente bringen?
- Wie ist der Krieg hier dargestellt?

3. Schritt: Bild kritisch auswerten
- Welche Absicht war mit der Darstellung und dem Medium Feldpostkarte verbunden?
- Kam die Botschaft beim Adressaten an? Was glaubst du?

Teste dein Wissen!

1. *Welche Jahreszahl passt zu welchem militärischen oder politischen Ereignis im Ersten Weltkrieg? Verbinde Zusammengehörendes mit Linien.*

1913	Versailler Vertrag
1914	Oktoberrevolution in Russland
1915	Waffenstillstand in Compiègne
1916	Attentat von Sarajewo
1917	Schlacht von Verdun
1918	Versenkung der „Lusitania"
1919	Balkankrieg

2. *Auf den Pariser Friedenskonferenzen wurden die Interessensunterschiede zwischen England, Frankreich und den USA deutlich. Welcher Staatsmann könnte wie argumentiert haben? Ordne die Sprechblasen den richtigen Buchstaben zu und trage sie in den Lösungskasten ein.*

① Ich will einen gerechten Ausgleich zwischen Siegern und Besiegten auf der Grundlage meiner 14 Punkte. Vor allem die Errichtung eines Völkerbundes ist mir wichtig, um künftige Kriege zu verhindern.

② Die Stunde der Abrechnung ist da. Für mich ist die Sicherheit meines Landes das Wichtigste. Von Deutschland darf in Zukunft keine Gefahr mehr ausgehen können.

③ Das Gleichgewicht der Mächte in Europa muss wiederhergestellt werden. Deutschland darf nicht gedemütigt werden, denn der Bolschewismus wird in Zukunft für Europa die größere Gefahr sein.

Georges Benjamin Clemenceau (1841–1929) **A**

David Lloyd George (1863–1945) **B**

Thomas Woodrow Wilson (1856–1924) **C**

Lösung:

1 ______

2 ______

3 ______

Grundbegriffe und Biographien

Bildquellen

akg-images (AKG) Berlin: Titel (Bismarck), Titel (Hintergrund), 4 B2 (12 B1 Wdh.), 4 B3 (21 B3, 27 B3 Wdh.) 6 B1, 6 B3, 8 B1, 10 B1 (Erich Lessing), 11 B1, 12 B2, 13 B3, 16 B1, 20 B2 (Schadach, 27 B1 Wdh.), 23 B1.1, 23 B1.2, 23 B1.3, 23 B1.5, 29 B2 (33 B2 Wdh.), 30 B1, 36 B1, 39 B2, 45 B1, 45 B3
Bildarchiv Preußischer Kulturbesitz, Berlin: 5 B1 (Petersen, 28 B1 Wdh.), 19 B3, 20 B3 (27 B2 Wdh.), 21 B4, 22 B1, 35 B1, 37 B3, 38 B1
Bildarchiv Steffens, Mainz: 34 B1 (Bridgeman Art Library / Archives Charmet)
Cornelsen-Archiv, Berlin: 20 B1
Deutsches Historisches Museum, Berlin: 32 B1, 45 B2
Deutsches Uhrenmuseum, Furtwangen: 35 B2
Germanisches Nationalmuseum, Nürnberg: 10 B2, 13 B2
Gerstenberg Bildarchiv, Wietze: 4 B1 (7 B2 Wdh.), 23 B1.4
Heinemann Educational, Oxford: 19 B2, 19 B4
Historisches Museum, Frankfurt/M.: 7 B3
Interfoto, München: 5 B2 (36 B3 Wdh.)
Ernst Klett Verlag, Stuttgart: 28 B2
Mairie de Paris: 6 B2
National Library of Australia, Canberra: 39 B1
picture-alliance / KPA/HIP/Ann Ronan Picture Library: 19 B1
RIA „Nowosti": 40 B1
Erich Schmidt Verlag, Berlin: 43 B3
Stadtarchiv München: 37 B2
Süddeutscher Verlag, München: 36 B2, 39 B3
Transglobe Agency, Hamburg / Collection Roger-Viollet, Paris: 33 B1
Ullsteinbild, Berlin: 14 B1, 26 B1 (Schwartz), 27 B4
Verein für Heimatpflege e.V. Schifferstadt, © VG Bild-Kunst, Bonn, 2007: 33 B3
Westfälisches Industriemuseum, Das Textilmuseum, Bocholt: 18 B1
J. Zißler, Oberdolling: 44 B1

Karten:
Cornelsen-Archiv, Berlin; Elisabeth Galas, Köln

Illustrationen:
Klaus Becker, Frankfurt a. M.; Thomas Binder, Magdeburg; Gabriele Heinisch, Berlin

Nicht in allen Fällen war es uns möglich, die Rechteinhaber der Abbildungen ausfindig zu machen. Berechtigte Ansprüche werden selbstverständlich im Rahmen der üblichen Vereinbarungen abgegolten.

Liebe Schülerinnen und Schüler!

Mithilfe dieses Lösungsheftes könnt ihr eure Kenntnisse, die ihr durch den „Basistrainer Geschichte" erworben habt, überprüfen. Ihr findet hier die Lösungen für alle Übungsseiten und für alle Seiten „Teste dein Wissen!".

Restauration und politischer Wandel

Seite 7:

Aufgabe 1:
Preußen, Österreich, Bayern, Hannover, Württemberg (bzw. Baden, Sachsen, Mecklenburg)

Aufgabe 2:
Preußen und Österreich sind die größten Mächte im Deutschen Bund. Sie konkurrieren um die Macht.

Aufgabe 3:
Grenze des Deutschen Bundes geht mitten durch die österreichischen und preußischen Territorien. Preußen ist ohne Ost- und Westpreußen und Posen, Österreich ist ohne die ungarischen, polnischen und italienischen Gebietsteile im Deutschen Bund vertreten.

Aufgabe 4:
Die nicht-deutschsprachigen Landesteile der beiden Staaten sollten aus dem Deutschen Bund ausgegliedert werden.

Seite 9:

Aufgaben 1/2:
(1) D (b) / (2) B (c) / (3) C (e) / (4) E (f) / (5) F (d) / (6) A (a)

Seite 10:

Aufgabe 1:
1. Schritt:
„Gott erhalte Franz, den Kaiser"
- verfasst 1797 als Hymne (Lobgedicht) von Lorenz Leopold Haschka
- In der ersten Strophe wird dem Kaiser Franz II. gehuldigt.
- Diese Hymne wurde 1797 zu Ehren Kaiser Franz II. Volkshymne in Österreich.
- Joseph Haydn komponierte 1797 die Melodie auf die Hymne von Haschka.

„Deutschlandlied"
- verfasst 1841 als Hymne von August Heinrich Hoffmann von Fallersleben
- In der dritten Strophe wird der Wunsch der deutschen Bürger nach nationaler Einigung deutlich. Es ist ein Aufruf zur inneren Einigung Deutschlands. In den Worten „Einigkeit und Recht und Freiheit für das deutsche Vaterland" werden drei Ziele laut: Einigkeit steht für den zu schaffenden deutschen Nationalstaat, Recht und Freiheit für die Freiheit und Gleichheit aller Bürger.
- Das Deutschlandlied hat dieselbe Melodie wie die Hymne „Gott erhalte Franz, den Kaiser", die Joseph Haydn 1797 komponiert hat.

2. Schritt:
„Gott erhalte Franz, den Kaiser"
- Das Lied war als Volkshymne in Österreich sowie in allen deutschen Ländern verbreitet.
- Vor allem die kaisertreuen Bürger Österreichs identifizierten sich mit dieser Hymne.
- Die österreichische kaisertreue Volkshymne hat heute kaum noch Bedeutung.

„Deutschlandlied"

- Das Lied war zur Zeit seiner Entstehung in allen deutschen Staaten sehr verbreitet.
- Vor allem Studenten und Professoren und all jene Bürger, die sich für ein vereintes Deutschland einsetzten, identifizierten sich stark mit dem Deutschlandlied.
- Die große Bedeutung des Deutschlandliedes liegt darin, dass die dritte Strophe heute als deutsche Nationalhymne zu staatlichen, sportlichen oder offiziellen Anlässen gesungen bzw. gespielt wird.

Seite 11:

Aufgabe 1:
Lösungswort:
1 D / 2 E / 3 U / 4 T / 5 S / 6 C / 7 H / 8 L / 9 A / 10 N / 11 D

Aufgabe 2:
Ein anscheinend wohlhabender Bürger (Zylinderhut an der Wand) betrachtet in seiner großräumigen Wohnung (hohe Decken und Fenster) seine Kakteen auf der Fensterbank.

Aufgabe 3:
Die Entstehungszeit des Bildes spricht für die Einordnung in die Biedermeier-Zeit. Der Rückzug eines Bürgers in sein Privatleben wird dargestellt – ein Thema ohne politische Aufladung und Konfliktstoff.

Die Industrielle Revolution

Seite 13:

Aufgabe 1:
geografisch:
Insellage, viele Häfen und Flüsse

Landwirtschaft:
höhere Ernteerträge durch größere Anbauflächen, Einsatz von Dünger, Dresch- und Sämaschinen, Fruchtwechselwirtschaft

Handel:
Einfuhr billiger Rohstoffe aus den Kolonien zur Verarbeitung im Mutterland, Export billiger Fertigwaren

Aufgabe 2:
1769 statt 1969 / James Watt statt George Stephenson / Pferdes statt Packesel
Pferdestärken statt Packesel / Gusseisen statt Puddeleisen / Puddelofen statt Gussofen / Dampfpflüge statt Dampfflugzeuge

Seite 15:

Aufgabe 1:
b, d, f

Aufgabe 2:
Zollverein und Eisenbahn sind nach List unzertrennbar. Das heißt, dass beide miteinander und voneinander abhängen. So war z. B. der Ausbau eines großflächigen Schienennetzes erst durch die Gründung des Zollvereins möglich.

Vorteile:
keine Zollschranken -> einheitlicher Binnenmarkt / gleiche Maße, Münzen und Gewichte / Arbeit in jedem Mitgliedsland möglich / kürzere Reisezei-ten im Personenverkehr / schnellere Beförderung von Rohstoffen / Erleichterungen im Gütertransport

Aufgabe 3:
Maschinenindustrie, Kohleförderung, Eisen- und Stahlindustrie

Aufgabe 4:
Sachsen

Aufgabe 5:
Berlin, Hamburg, München

Seite 17:

Aufgabe 1:
- Der Tag eines Arbeiters um 1850 begann zwischen 3 und 4 Uhr frühmorgens und endete gegen 20 Uhr. Das Kreisdiagramm sollte über Dreiviertel der Fläche ausgemalt sein.
- Damals hatten die Menschen fast keine Freizeit und mussten sehr lange arbeiten.

Aufgabe 2:
Antike: Sklavenhalter <-> Sklaven
Mittelalter: Grundherrn <-> abhängige Bauern
Neuzeit: reiches Bürgertum <-> Proletariat

Aufgabe 3:
- Arbeiter: Streiks, Eintritt in Parteien und Vereine
- Marx, Engels: Veränderung der Arbeits- und Besitzverhältnisse …
- Krupp, Borsig, Siemens: Verbesserung der Wohnsituation, Ausbildung und Kinderbetreuung
- Gewerkschaften: bessere Arbeitsbedingungen, höhere Löhne, …
- deutscher Staat: Einführung einer modernen Sozialpolitik

Seite 18:

1. Schritt:
- Das Foto wurde um 1900 am hellen Tag gemacht. Als Anlass wäre ein Firmenjubiläum denkbar.
- Außenaufnahme, vor dem Betrieb
- Frontalaufnahme mit Weitwinkel

2. Schritt:
- Dargestellt ist die gesamte Belegschaft einer Firma (ausschließlich Männer). Sie stehen alle versammelt vor dem Firmengebäude.
- Belegschaftsfoto
- Die Arbeiter in der Bildmitte sind stufenartig angeordnet, damit jeder gut erkennbar ist. Im Hintergrund ist das Firmengebäude, im Vordergrund sind einige Arbeitsgeräte und Werkzeuge erkennbar. Fast alle Männer tragen eine Kopfbedeckung, die meisten sind in Arbeitskleidung fotografiert. Wenige Männer tragen Anzug und Hut.

3. Schritt:
- Das Foto wirkt offiziell und gestellt. Die Personen sind der Größe nach angeordnet
- Ein stolzer Firmenchef wollte sich und seine Mitarbeiter (Büroangestellte im Anzug und Arbeiter in Arbeitskleidung) am Arbeitsort zeigen und somit seine Firma nach außen hin darstellen.
- Ein Vergleich mit weiteren Fotos zeigt, dass es viele solcher Belegschaftsfotos gab und bis heute gibt.
- Offen bleiben folgende Fragen:
    - Sind alle Personen Mitarbeiter der Firma?
    - Um welche Firma handelte es sich?
    - Was produzierte der Betrieb?
    - In welcher Stadt befand sich der Betrieb?

Seite 19:

Aufgabe 1:
1 D / 2 A (Erzeugen von Verbrauchsgütern) / 3 M (erleichtert menschliche Arbeit) / 4 PF / 5 M (Leistungsfähigkeit) / 6 A (Recht, eine Erfindung allein zu verwerten) / 7 S / 8 CH / 9 I / 10 N / 11 E
Lösungswort: Dampfmaschine

Aufgaben 2/3:
Bild oben links: Spinning Jenny (Textilindustrie)
Bild oben rechts: Dampfhammer (Schwerindustrie)
Bild unten links: Adlerlokomotive (Transport-/Verkehrswesen)
Bild unten rechts: Dampfpflug (Landwirtschaft)

Das Deutsche Kaiserreich

Seite 21:

Aufgabe 1:
Reihenfolge im Lückentext: Norddeutschen Bund / Spanien / Kaiserreich / Vorherrschaft / Preußen / Versailles / Kaiser
Nummerierung von oben nach unten: 2, 3, 5, 1, 4

Aufgabe 2:
Karte A: Nr. 2 (Norddeutscher Bund)
Karte B: Nr. 5 (Deutsches Kaiserreich)

Seite 23:

Aufgabe 1:
Preußen, preußischer König, preußischer Ministerpräsident

Aufgabe 2:
Der König von Preußen ist zugleich deutscher Kaiser. Der preußische Ministerpräsident ist zugleich Reichskanzler. Damit steht der König von Preußen an der Staatsspitze des Deutschen Kaiserreichs.

Aufgabe 3:
Deutschland hat sich mit allen wichtigen Mächten verbündet, sodass es im Falle eines Angriffs durch Frankreich abgesichert ist. Frankreich hat keine Bündnispartner und ist isoliert.

Seite 25:

Aufgabe 1:
1 Krankenversicherung / 2 Altersversicherung / 3 Invalidenversicherung

Aufgabe 2:
Bismarck führte die Sozialversicherung ein, um die Arbeiterschaft für sich zu gewinnen.

Aufgabe 3:

a) Das Militärische spielte im Nationalstaat eine wichtige Rolle, Soldaten/Offiziere galten als Vorbilder. In der Armee wurden militärische Fähigkeiten, Kaisertreue, Patriotismus, Disziplin und Gehorsam vermittelt.
b) Die Bevölkerung war stolz auf den Staat, den Kaiser und die militärische Führung. Denkmäler wurden errichtet.
c) Die Unterschiede zwischen den sozialen Schichten konnten trotz staatlicher Einheit nicht aufgehoben werden (drei verschiedene Klassen). Der Adel war die führende Schicht.
d) Beim Militär und auch in der Schule wurden die Soldaten bzw. Schüler zum Patriotismus erzogen.
e) Die Parteien vertraten seit 1860 die Interessen ihrer Wähler. Bedeutendste Parteien waren die Nationalliberalen, die Zentrumspartei, die Konservativen und die Sozialdemokraten.

Seite 26:

1. Schritt:

- Es ist ein Mann in mittelalterlicher Rüstung als Ritter dargestellt. Er trägt ein Schwert. Zu seinen Füßen befinden sich zwei Adler.
- Es handelt sich um einen älteren Mann, erkenntlich an der Glatze. Über der eng anliegenden Rüstung trägt er einen Mantel. Er steht aufrecht und breitbeinig da. Vor sich hält er ruhig ein langes Schwert. Mit seinem strengen, disziplinierten Blick überschaut er wie ein Wächter die Stadt.

Johann Emil Schaudt schuf die Sockelanlage, Hugo Lederer die Skulptur. Dargestellt ist Otto von Bismarck, preußischer Ministerpräsident und ab 1871 erster Reichskanzler im Deutschen Kaiserreich. Das Denkmal wurde 1903 vom damaligen Hamburger Bürgermeister Johann Georg Mönckeberg in Auftrag gegeben. 1906 konnte es fertig gestellt werden. Das Denkmal ist zur Zeit des Deutschen Kaiserreichs entstanden. Es ist insgesamt 34 m hoch, hat einen Sockel von 19 m, der begehbar ist und 650 Menschen Platz bietet. Die Figur misst 15 m. Das Denkmal wirkt durch diese Maße überdimensional. Sockel und Skulptur sind aus Granit.

- Dieses Bismarck-Denkmal steht in Hamburg, in der Nähe der Landungsbrücken am Hamburger Hafen auf der Elbhöhe, einer ehemaligen Kultstätte.
- Die Figuren am Sockel symbolisieren die germanischen Stämme. Die Adler sind Sinnbilder für siegreiche Stärke und seit Karl dem Großen Symbole des deutschen Reiches.

2. Schritt:

- Das Denkmal wurde geschaffen, um Bismarck und seine Leistungen zu würdigen. Erinnert wird an den Kanzler der deutschen Einigung. Da ihm Wilhelm I. fast alle politischen Aufgaben überließ, gilt Bismarck als der Gestalter, der Architekt des ersten deutschen Nationalstaates. Diese politische Größe zeigt sich deutlich in der Architektur des Denkmals. Die Person ist auf einen Sockel gestellt und architektonisch überhöht.
- Bismarck wirkt diszipliniert, sogar etwas überheblich. Die Skulptur ist bewusst so gestaltet worden. Die Person wirkt dennoch wirklichkeitstreu (siehe Bild S. 22).
- Dadurch und durch den Blick Bismarcks spiegelt sich die Gesellschaftsstruktur des Kaiserreiches wider, in der das Militär und die Adligen über den anderen Gesellschaftsgruppen standen.

Seite 27:

Aufgabe 1

1a, 2c, 3a, 4b, 5a, 6b, 7c, 8a, 9b, 10a, 11c

Lösungswort: Kaiserreich

Das Zeitalter des Imperialismus

Seite 29:

Aufgabe 1:

Großbritannien: Kanada, Ägypten, Sudan, Britisch-Ostafrika, Rhodesien, Südafrikanische Union, Nigeria, Goldküste, Indien, Bhutan, Australien, Neuseeland, Papua

Frankreich: Marokko, Algerien, Westafrika, Madagaskar, Indochina

Deutschland: Togo, Kamerun, Deutsch-Ostafrika, Südwestafrika, Kaiser-Wilhelm-Land

Seite 31:

Aufgabe 1:

1 B / 2 C / 3 D / 4 A

Aufgabe 2:

politisch: Macht- und Eroberungsstreben
militärisch: Stützpunkte in Kolonien zur Absicherung der eigenen Macht

wirtschaftlich: Rohstoffgewinnung, neue Absatzmärkte, finanzielle Gewinne
bevölkerungspolitisch: neue Siedlungsräume
weltanschaulich: Sendungsbewusstsein

Seite 33:

Aufgabe 1:

Unrecht an der Bevölkerung durch Vernichtung der Kultur / Christianisierung / Zwangsarbeit auf Plantagen / willkürliches Schaffen neuer Staatsgrenzen / Enteignungen / Völkermord

Schäden für Umwelt durch Abbau der Rohstoffe / Abholzung der Tropenwälder / Errichtung von Plantagen und Monokulturen / Einsatz von Dünger

Probleme für Besatzer durch Aufstände der Einheimischen / weniger finanzieller Gewinn / Konkurrenz zwischen Kolonialmächten / Wettrüsten

Seite 34:

1. Schritt:

M1:

- Werbeplakat
- Dargestellt sind eine dunkelhäutige Frau mit einer Schachtel in der Hand sowie ein dunkelhäutiges Kind, das in einem Bottich sitzt. Der Bottich steht auf einer großen Schachtel mit dem Schriftzug „Lux". Beide Personen lachen.
- Der Text heißt übersetzt: „Lux lässt Wolle nicht schrumpfen".
- Die Firma Lux wirbt für ein Waschmittel (dieses wird hier als Shampoo verwendet).
- Diese Werbung macht dem Empfänger glaubhaft, dass Wolle mit dem Waschmittel der Marke Lux nicht eingeht.

M2:

- Reklamebild in einer Zeitschrift
- Dargestellt sind mehrere leicht bekleidete dunkelhäutige Menschen, die ein großes Stück Lilienmilch-Seife neugierig betrachten bzw. heraneilen, um es zu sehen.
  Die Textelemente besagen, dass „Steckenpferd Lilienmilch-Seife von Bergmann & Co Radebeul für zarte weiße Haut, à Stück 50 Pfennig, überall zu haben" ist.
- Die Firma Bergmann & Co Radebeul wirbt für Lilienmilch-Seife.
- Diese Werbung macht dem Empfänger glaubhaft, dass Lilienmilch-Seife die Haut zart und weiß macht.

2. Schritt:

M1:

- Die beiden Personen erscheinen in der Rolle von Mutter und Kind.
- Hier wurden dunkelhäutige Menschen abgebildet, da sie andere Haare als Europäer haben.
- Wahrscheinlich wärst du nicht gerne in dieser Werbung dargestellt, denn die Haare werden mit Wolle verglichen und mit Tierfell (Schafswolle) gleichgesetzt. Das dargestellte Haarwaschen wirkt wie ein Experiment, hier nicht erprobt an Tieren, sondern an dunkelhäutigen Menschen: Es soll dadurch gezeigt werden, dass Wolle mit dem Waschmittel „Lux" nicht eingeht. Da Kind und Mutter lachen, sind sie mit dem Produkt zufrieden. Die Gleichsetzung und der Vergleich mit Tieren sind beleidigend.

M2:

- Die Menschen werden aufgrund ihrer leichten Bekleidung und der Waffen als unzivilisierte Wilde gezeigt.
- Hier wurden dunkelhäutige Menschen abgebildet, weil sie sich aufgrund ihrer Hautfarbe (und ihrer Lebensweise) von den Europäern unterscheiden.
- Wahrscheinlich wärst du nicht gerne an ihrer Stelle dargestellt. Die dunkelhäutigen Menschen erscheinen in keinem positiven Licht, wenn sie nicht einmal ein Stück Seife kennen. Es wird ihnen unterstellt, sich nicht zu waschen. Der Vergleich, dass selbst dunkle Haut mit dieser Seife weiß wird, ist sehr beleidigend.

Seite 35:

Aufgabe 1:
1. Wilhelm II. / 2. Industrialisierung / 3. Togo / 4. Absatzmarkt / 5. Sozialdarwinismus / 6. Buendnis / 7. Wettruesten / 8. Grossbritannien / 9. Faschoda / 10. Rohstoffe / 11. Nationalismus / 12. Missionierung / 13. Herero

Der Erste Weltkrieg

Seite 37:

Aufgabe 1:
Deutschland:
Österreich-Ungarn (Zwei- und Dreibund), Italien (Dreibund), Rumänien (an Dreibund angeschlossen)

Frankreich:
Russland (Zweibund, Triple Entente), Großbritannien (Entente Cordiale, Triple Entente), Italien (Neutralitätsvertrag)

Serbien:
Bulgarien, Griechenland, Montenegro (alle im Balkanbund)

Aufgabe 2:
geografische Lage in der Mitte Europas, Mittellage zwischen den gegnerischen Staaten in Ost- und Westeuropa

Aufgabe 3:
Im Bündnissystem Bismarcks sind alle europäischen Staaten an Deutschland gebunden und Frankreich ist isoliert. Durch die Außenpolitik Kaiser Wilhelms II. hat Deutschland Bündnispartner verloren und kann sich nur noch auf Österreich-Ungarn und mit Einschränkung auf Italien stützen.

Aufgabe 4:
Die Entente ist wesentlich stärker als die Mittelmächte, im Kriegsfall ist sie eindeutig im Vorteil.

Seite 39:

Aufgabe 1:
Reihenfolge im Lückentext:
Marne, Front, Stellungskrieg, Schützengräben, Zivilbevölkerung, britische, Blockade, Rohstoffen, Lebensmittelkarten, Frauen, Kriegsbegeisterung, Frieden

Aufgabe 2:
u. a. Materialschlachten, neue Waffen wie z. B. Panzer, Mobilisierung aller Reserven wie z. B. Frauenarbeit in der Rüstungsindustrie, Kriegspropaganda

Seite 41:

Aufgabe 1:
1. und 3. richtig
2. falsch: Ein deutsches U-Boot versenkte den britischen Passagierdampfer „Lusitania". Unter den Toten befanden sich auch 128 amerikanische Bürger.
4. falsch: Die USA belieferten die Alliierten seit Kriegsbeginn mit Kriegsmaterial. Der Kriegseintritt der USA 1917 war neben humanitären Erwägungen auch stark wirtschaftlich motiviert.
5. falsch: In den 14 Punkten verkündete Wilson nicht nur die amerikanischen Kriegsziele, sondern auch ein Friedensprogramm.

Aufgabe 2:
a) Zar, b) Lenin, c) Marxismus, d) Bolschewiki, e) Sowjet, f) Trotzki, g) Brest-Litowsk, h) UdSSR

Seite 43:

Aufgabe 1:
UdSSR, Finnland, Estland, Lettland, Litauen, Polen, Tschechoslowakei, Österreich, Ungarn, Jugoslawien

Aufgabe 2:
Frankreich, Italien, Rumänien

Aufgabe 3:
territorial:
Kolonien, Elsass-Lothringen, Saargebiet, Eupen-Malmedy, Nordschleswig, Danzig, Memelland, Oberschlesien, Posen, Westpreußen und das Hultschiner Ländchen wurden von Deutschland abgetrennt.

militärisch:
Abrüstung der Reichswehr auf 100 000 Mann, Verbot schwerer Waffen, Verbot der allgemeinen Wehrpflicht, entmilitarisierte Zone im Rheinland

wirtschaftlich:
Demontagen, Reparationen, Wirtschaftsbeschränkungen

Aufgabe 4:
Deutschland verlor 13 % seines Staatsgebietes und 10 % seiner Bevölkerung. Aufgrund der Abrüstung war Deutschland gegenüber den Nachbarstaaten politisch erpressbar und wirtschaftlich erheblich geschwächt.

Seite 44:

1. Schritt:
Im Vordergrund liegt ein Soldat in voller Montur im Gras. Er ist am Kopf verletzt. In seiner Hand hält er einen Brief. Sein träumerischer Blick ist in die Ferne gerichtet. Im Hintergrund ist links oben eine familiäre Idylle dargestellt. Eine junge hübsche Frau hält liebevoll ein Kind in den Armen. Rechts oben steht geschrieben: „Nach siegreicher Schlacht. Gedanken an die Heimat."

2. Schritt:
Der Text erläutert die Darstellung: Nach siegreicher Schlacht denkt der Soldat sehnsüchtig an seine Familie in der Heimat. Trotz Kopfverletzung scheint der Soldat keine Schmerzen zu spüren. Seine Uniform weist trotz vorangegangener Schlacht keine Kampfspuren auf. Selbst im Krieg ist die hier dargestellte Welt heil und in Ordnung.

3. Schritt:
Feldpostkarten dienten als Propagandamittel. Sie verharmlosten den Krieg. Die Soldaten an der Kampffront sowie die Bevölkerung in der Heimat sollten an diese verharmlosten Kriegsdarstellungen glauben. Sie wurden dadurch gezielt in ihren Vorstellungen beeinflusst (manipuliert). Die Kampfmoral an der Front und der Durchhaltewillen in der Heimat sollten dadurch gestärkt werden.
Allein die enorm große Zahl der im Ersten Weltkrieg versandten Feldpostkarten lässt vermuten, dass die Botschaft beim Adressaten (Familie in der Heimat) ankam.

Seite 45:

Aufgabe 1:
1913 Balkankrieg, 1914 Attentat von Sarajewo, 1915 Versenkung der „Lusitania", 1916 Schlacht von Verdun, 1917 Oktoberrevolution in Russland, 1918 Waffenstillstand in Compiègne, 1919 Versailler Vertrag

Aufgabe 2:
1 C, 2 A, 3 B